2017年国家社科基金重点项目
"民间规范与地方立法"阶段性成果

治理能力现代化下的
地方立法与民间规范

Local Legislation and Folk Norms under the
Modernization of Governance Capacity

王 喜 莫纪宏 著

中国社会科学出版社

图书在版编目（CIP）数据

治理能力现代化下的地方立法与民间规范／王喜，莫纪宏著．—北京：中国社会科学出版社，2022.10
ISBN 978-7-5227-0524-8

Ⅰ.①治⋯ Ⅱ.①王⋯②莫⋯ Ⅲ.①地方法规—立法—中国 Ⅳ.①D927

中国版本图书馆 CIP 数据核字(2022)第 129920 号

出 版 人	赵剑英	
责任编辑	喻　苗	
责任校对	胡新芳	
责任印制	王　超	

出　　版	中国社会科学出版社	
社　　址	北京鼓楼西大街甲 158 号	
邮　　编	100720	
网　　址	http：//www.csspw.cn	
发 行 部	010-84083685	
门 市 部	010-84029450	
经　　销	新华书店及其他书店	

印　　刷	北京明恒达印务有限公司	
装　　订	廊坊市广阳区广增装订厂	
版　　次	2022 年 10 月第 1 版	
印　　次	2022 年 10 月第 1 次印刷	

开　　本	710×1000　1/16	
印　　张	14	
字　　数	182 千字	
定　　价	75.00 元	

凡购买中国社会科学出版社图书，如有质量问题请与本社营销中心联系调换
电话：010-84083683
版权所有　侵权必究

序

推进国家治理体系和治理能力现代化，是新时期党和政府治国理政的重大方略。治理体系和治理能力是一个有机整体，二者在实际运行中相辅相成。治理体系和治理能力现代化对于法治的完善与发展提出了新的要求。实现国家治理现代化的难点在农村，关键在制度。地方立法与民间规范各自均具有治理体系和治理能力的构成元素，但又存在程度上的差异。在这一背景下，如何妥善处理地方立法与民间规范的关系，成为学术界与实务界关注的重点。

作为中国"一元两级多层次"立法体制中的重要环节，地方立法具有从属和自主的双重属性。从属性要求地方立法与中央立法保持统一，自主性要求地方立法调动中央和地方双重积极性，着重解决地方特殊问题。因此，地方立法也属于狭义上的"现代意义上的法"，是法治社会中构建理性秩序的重要部分。不同于地方立法，民间规范扎根于中华传统的礼治秩序，不同地区之间民间规范的形式与内容差异较大，更加关注法律运行中的实质正义和社会效果。所以说，地方立法与民间规范在诸多方面存在明显的冲突。然而，地方立法与民间规范并非难以融合，二者在本质上存在众多相似性。地方立法与民间规范都是中国特色社会主义法治体系的重要组成部分，都以地方性特殊问题为立足点，贴近民众现实生活，在运行过程中都对法律的社会认同有较高的关注。因此，在全面推进国家治理体系和治理能力现代化的背景下，通过对地方立法与民间规范的融合发展以缓解二者之间的冲突，从而完善地方治理体系，完善地方法治，对于中国特色社会主义法治体系的发展具有重要的意义。

我和贵州省社科院党委书记吴大华共同指导的博士后王喜直接参与我主持的2017年国家社科基金重点项目"民间规范与地方立法"的全程研究，在收集资料和课题调研方面做了大量的工作，课题阶段性成果《治理能力现代化下的地方立法与民间规范》一书主要由王喜博士执笔完成。该成果立足于地方社会治理实践，以治理能力现代化为视角，聚焦民间规范与地方立法的关系范畴，剖析了二者在融合发展中遇到的困境和成因。同时，借鉴和采用法律社会学和法律人类学的一些观点和方法，在全面掌握学界已有研究成果的基础上，注重理论与现实的结合，强调突出问题意识和学术创新，围绕民间规范在乡土社会中的地位与功能、运作与实践、发展与走向等核心问题进行论述，探寻了治理体系和治理能力现代化背景下地方立法与民间规范融合发展的路径，为实施全面依法治国方略和推进国家体系与治理能力现代化提供了相关理论支持与对策建议，具有重要的理论和现实指导价值。荀子在《劝学》中讲道："故不积跬步，无以至千里；不积小流，无以成江海。"作为导师，我欣喜看到，王喜自攻读博士后以来，一直勤勉努力、孜孜不倦，不断攻克科研难关、超越自我。学术道路，漫长而艰辛，今后的时光里，必然还会有更多的挑战。希望王喜博士能够不忘初心，继续"积跬步""积小流"，在学术创作的路上不断前进。感谢王喜博士在完成2017年国家社科基金重点项目"民间规范与地方立法"阶段性成果方面所作出的巨大贡献。

是为序！

莫纪宏
2022年5月于北京紫竹公寓

目 录

导 论 …………………………………………………………（1）

第一章 治理能力现代化下地方治理规范体系的理论逻辑 …（21）

第一节 治理能力现代化下的地方治理规范体系 …………（22）

一 治理能力现代化的理论背景与实践意义 …………（22）

二 社会多元共治格局的展开 …………………………（28）

三 地方立法与民间规范的逻辑起点 …………………（31）

四 民间规范的概念辨析 ………………………………（34）

第二节 地方立法是地方治理规范体系的基础 ……………（37）

一 地方立法的理论内涵与类别 ………………………（39）

二 地方立法的权限边界 ………………………………（41）

三 从社会经验到地方立法 ……………………………（43）

第三节 民间规范是地方立法的重要资料 …………………（46）

一 民间规范是多元共治法治化的基础规范 …………（47）

二 民间规范是地方立法的重要补充 …………………（52）

三 地方立法应当洞察民间规范的资源形态 …………（56）

第四节 民间规范存在的基础及价值 ………………………（61）

一 民间规范存在的正当性基础 ………………………（62）

二　民间规范的价值体现 …………………………………（64）
　　三　民间规范的识别及其特征 …………………………（68）
　　四　民间规范的类型 ……………………………………（75）

第二章　地方立法中的民间规范 ………………………………（84）
第一节　民间规范与地方立法的关系 ……………………（85）
　　一　民间规范与地方立法的互补关系 …………………（85）
　　二　民间规范与地方立法的替代关系 …………………（87）
　　三　民间规范与地方立法的冲突关系 …………………（90）
　　四　民间规范在地方立法中的生存空间 ………………（93）
第二节　民间规范在乡村治理中的合理适用 ……………（96）
　　一　"习惯法"在乡村治理中的合理适用 ……………（96）
　　二　公序良俗在乡村治理中的合理适用 ………………（98）
　　三　乡（村）规民约在乡村治理中的合理适用 ………（102）
第三节　自治立法中的民间规范 …………………………（105）
　　一　自治立法中的民间规范的类型 ……………………（106）
　　二　自治立法中的民间规范体现的"当地民族的
　　　　政治特点" ……………………………………………（107）
　　三　自治立法中的民间规范体现的"当地民族的
　　　　文化特点" ……………………………………………（109）
　　四　对自治立法中的民间规范的思考 …………………（110）

第三章　民间规范进入地方立法的必要性和可行性 …………（114）
第一节　民间规范进入地方立法的学理基础 ……………（115）
　　一　民间规范促进地方立法的科学性 …………………（115）
　　二　民间规范促进地方立法的民主性 …………………（117）
　　三　民间规范促进地方立法的可操作性 ………………（119）

第二节　民间规范进入地方立法的依据……………………（121）
　　一　立足当前国情的一致规范目的…………………（121）
　　二　基于地方特色的相同规范前提…………………（123）
　　三　贴近现实生活的趋同规范空间…………………（124）
　　四　尊重社会认同的相似规范考量…………………（125）
第三节　民间规范进入地方立法的现存形式……………（126）
　　一　民间规范转化为地方立法………………………（127）
　　二　民间规范被地方立法抑制………………………（128）
　　三　民间规范与地方立法的双重适用………………（129）
第四节　民间规范进入地方立法的评估方式……………（131）
　　一　对地方立法是否具有合理性进行评估…………（132）
　　二　对地方立法是否体现地方特色进行评估………（134）
　　三　对地方立法是否具有针对性进行评估…………（135）

第四章　民间规范进入地方立法的程序及障碍……………（138）
第一节　民间规范与赋予地方立法权的目的相契合………（139）
　　一　赋予地方立法权的目的…………………………（139）
　　二　地方立法中的"地方特色"……………………（139）
　　三　在合理限度内吸纳"地方性知识"……………（140）
第二节　民间规范内容与地方立法的空间相一致…………（141）
　　一　地方立法的试验性………………………………（141）
　　二　地方立法与民间规范的空间……………………（142）
　　三　民间规范与地方立法的渊源……………………（142）
　　四　民间规范与地方法制的社会认同………………（144）
第三节　地方立法与民间规范融合的基础…………………（146）
　　一　对立基础：民间规范与地方立法的分离………（146）
　　二　统一基础：民间规范与地方立法的同构………（152）

三　地方立法与民间规范融合的可能…………………（157）

第四节　民间规范进入地方立法的现实困境……………（165）

　　一　民间规范守成，地方立法创新……………………（166）

　　二　民间规范自发，地方立法建构……………………（168）

　　三　民间规范自下而定，地方立法据上而立…………（171）

第五章　构建民间规范与地方立法融合路径，推进治理能力现代化……………………………………………（174）

第一节　实现操作性：两种规范体系融合的方向………（174）

　　一　设区的市立法吸取民间规范的前置条件…………（175）

　　二　设区的市立法吸取民间规范的路径………………（176）

　　三　设区的市立法吸取民间规范的方法………………（176）

　　四　设区的市立法吸取民间规范的程序………………（178）

第二节　把握统一性：两者融合发展的前提 ……………（179）

　　一　地方立法应在其法定权限内与民间规范进行融合 ……（179）

　　二　将地方立法与民间规范的融合纳入合宪性审查的范畴………………………………………………（180）

　　三　构建地方立法融合民间规范的评估机制…………（181）

第三节　体现针对性：地方立法须尽量关注客观现实……（182）

　　一　重视地方特色，增强地方立法的针对性…………（182）

　　二　加强对乡村立法的支持和保障……………………（184）

第四节　注重创新性：立足具体实践，形成中国经验……（189）

　　一　杜绝僵化操作，关注民众需求……………………（189）

　　二　发挥民间规范能动作用……………………………（190）

　　三　立足实践需求，构建民间规范调查制度…………（191）

　　四　坚持群众路线，增强立法的透明度和参与度………（192）

第五节　强化渐变性：在时代更迭中审视民间规范
　　　　价值 ………………………………………………（194）
　　一　重新审视民间规范的时代价值 …………………（194）
　　二　地方立法对传统法治精神的提炼 ………………（195）
　　三　家族文化的法律蕴含 ……………………………（196）

结　语 ……………………………………………………（198）

参考文献 …………………………………………………（200）

后　记 ……………………………………………………（213）

导　　论

一　问题的提出

进入21世纪以来，社会变革的需求日益明显，涵盖政治、经济、文化及社会等方方面面。反映在法律层面则体现为，通过法律推动社会变革的作用远远大于法律对秩序确认的功能。乡土性是中国社会的本质特征之一，但由于社会的不断发展和进步，乡土性特征在此过程中不断蜕变，传承至今的许多法律观点被不断引进的外来观念冲击。[①] 当前，中国社会正处于转型的关键时期，而社会转型需要法治来保障，在这中间不可避免的问题就是国家制定法与中国传统社会的秩序相冲突的地方，除了具体司法实践中民间规范的作用，在地方治理方面，例如在对传统历史文化保护、生态环境治理以及一些地方实行的殡葬体制改革的过程中，一些问题也伴随着改革而浮出水面。客观上讲，这些问题在一定程度上反映了地方立法与民间规范之间的冲突。作为国家法律制度的重要组成部分，地方立法在地方治理中的供给缺陷也在一定程度上加重了国家依法治理的成本，同时也容易导致权力行使的边界模糊。

[①]　石佑启、谈萧：《论民间规范与地方立法的融合发展》，《中外法学》2018年第5期。

在以国家建构为主体的强制性制度变迁之后，中国的法治正经历着由强制性到自治性的同构时期。因此，从形式法治向实体法治的转变需要社会主体对法治的深刻内在需求的推动，法治建设的主力层需要由国家向社会转变。[①]为此，党的十八届四中全会审议通过的《中共中央关于全面推进依法治国若干重大问题的决定》（以下简称十八届四中全会《决定》）提出了要"推进多层次多领域依法治理，提高社会治理法治化管理水平"，尤其应"发挥市民公约、乡规民约、行业规章、团体章程等社会规范在社会治理中的积极作用"。这些社会规范与民间规范类似，有其独特的社会治理效果。为此，深入贯彻依法治国的理念以及十八届四中全会《决定》中关于"人民群众是依法治国主体与力量源泉"宗旨要求，推动地方立法与民间规范和社会治理现代化相结合，不仅对社会治理现代化发展进程有关键作用，更能够有效地降低国家依法治理成本。

当前，中国社会结构正经历深刻的变迁，理论上对于多元共治格局的形成、各主体间关系的变迁以及国家与社会之间应当保持适度分离、达到良性互动这一话题已初步达成共识，但对于国家与社会之间应当采用何种形式的互动机制，尚需要深入探讨。同时，已有的研究尚缺更具有针对性的分析，例如针对不同的层次、领域以及不同的社会治理模式之间的关联性探讨，对民间规范与地方立法参与地方社会治理的特殊关系的研究也存在一定的不足。[②]

作为中国"一元两级多层次"立法体制的重要环节，地方立法具有从属性和自主性特点。一方面，从属性要求地方要同中央保持立法统一；另一方面，自主性要求调动中央和地方两个积极性，针

[①] 李学兰：《中国民间法研究学术报告（2002—2005年）》，《山东大学学报》2006年第1期。

[②] 王春业：《论民间规范与地方立法的良性互动》，《暨南学报》（哲学社会科学版）2017年第9期。

对地方所面临的实际困难进行着重解决。① 从地方立法的属性看，通常为"由宪法、地方组织法、民族区域自治法、特别行政区基本法确定的，或有关法律、法规授权，或有权机关委托或授权的省、自治区、直辖市、设区的市、自治州、经济特区及特别行政区立法机关，制定、认可、修改、补充和废止包括地方性法规、地方政府规章、自治条例、单行条例、特别行政区的法律，以及被授权主体制定的效力及于一定地方行政区域的规范性法律文件的活动"。随着中国法治建设的不断进步，地方立法的重要性不断提升。从国家治理体系纵向看，地方立法在与中央立法保持法制统一的基础上，与社会公众之间具有客观上的近距离，地方立法一方面可以为中央立法进行补充和解释，另一方面更能够切合当地风土人情，使得法律更具有实践的可操作性。从国家治理体系纵向视角来看，地方立法更能够凸显地方性法规、规章的地域性、差异性。这一特点在很大程度上是由中国特色的社会主义国情所决定的，考虑到中国的经济社会、政治文化、传统习俗、少数民族、自然地理、人口以及国际环境等诸多因素，地方立法的特点就更加凸显出来。

地方立法是从国家层面确立的正式制度，与之对应的民间规范则是人民群众在日常生活中约定俗成的非正式制度。不同于公权力作为强力后盾的正式制度，非正式制度的使用更多的是靠人们内心的道德进行约束，从而成为共同遵守的行为准则。民间规范虽然没有公权力进行保障，但也是具备地方性、形式多样性、经验性等基本特性的行为准则。民间规范作为一种行为准则，包含党的十八届四中全会《决定》所提及的市民公约、乡规民约、行业规章、交易习惯、民族习惯等社会规范，通常表现为以下这些特点：首先，不经国家制定或认可便具备一定的效力，其适用不以国家权力和强制

---

① 石佑启、谈萧：《论民间规范与地方立法的融合发展》，《中外法学》2018 年第 5 期。

力为后盾；其次，一般具有地域性，适用范围较窄；再次，表现形式多样，既有成文规则，也有不成文的；最后，有自发生成和制定两种生成模式。①

随着中国特色社会主义法律体系的形成，中国进入了立法数量的高速增长期，但需要承认的是，仍然存在一些法律无法解决的现实问题。近年来，随着地方性法规数量的逐年攀升，地方法院受理的案件持续上涨，更多的地方矛盾显现出来，特别是在基层法院，这类问题日益尖锐。例如，在乡村治理中，环境法规无法下基层，乡村农业生产所造成的土壤污染不断危害着人们的食品安全，经济利益和环境保护之间的冲突日渐加剧等问题依然存在。

近年来，民间规范成为党和政府持续关注的民生重点。党的十九大提出"打造共建共治共享的社会治理格局"的新目标，本质上是追求社会的多元共治，②其中包括治理规范的多元，发挥市民公约、乡规民约、行业规章、团体章程等社会规范在地方治理中的积极作用。而作为国家制定法一环的地方立法，既与社会民众之间具有客观上的亲近感，也因地方、民族、文化、经济、自然地理的不同而具有差异性。在维护国家法制统一的前提下，发挥地方立法的试验性，与本地民间规范沟通、互动、妥协、融合，充分调动地方积极性，弥补中央立法的短板，体现地方特色，实现社会的良法善治。③

---

① 王春业：《论民间规范与地方立法的良性互动》，《暨南学报》（哲学社会科学版）2017年第9期。
② 周林彬、蔡文静：《社会治理角度下的民间规范与地方立法》，《甘肃社会科学》2018年第1期。
③ 谈萧：《论民间规范与地方立法的冲突及协调》，《暨南学报》（哲学社会科学版）2017年第9期。

二 文献综述及评析

（一）既有研究的主要领域及观点

回望中国传统社会，民间规范总是同社会事实如影相随，穿梭其中。随着社会的巨大转型，政治、经济、文化等社会环境也相应发生变化。许多民间规范逐渐失去了原来的状态和功能，但如果深入了解民众的日常生活，会发现民间规范仍然充当着生活中重要的规则。从时间上看，关于民间规范的研究主要集中在20世纪90年代以后，而这一时期的研究大致又可以分为三大流派：一是以苏力教授为代表的本土资源视野下的民间法研究；二是以梁治平教授为代表的法律文化视野下的民间法研究；三是以谢晖教授为代表的规范法学视野下的民间法研究。本土资源视野下的民间法研究关注的是晚清以来西方法律移植在中国所遭遇的本土化困境，以及本土法与移植法的冲突；法律文化视野下的民间法研究关注的是精英文化所代表的大传统，即国家传统与大众文化所代表的小传统以及民间传统在法律文化选择上的困境；规范法学视野下的民间法研究则关注的是民间法在规范上，如何导入国家立法和司法活动。[①] 尽管三种研究方式看似完全不同，但有一点却是三者都坚持的，那就是更多地从与作为中央立法的国家法对应的角度来考察民间规范。从立法学上看，这些研究主要关注的是民间规范与中央立法是否会产生交集以及如何产生交集。但通常我们会下意识地将民间规范更多地同地方立法和地方法治建设联系到一起。

随着地方立法权限从无到有、从小到大，地方立法逐渐成为中国法律体系中不可或缺的重要组成部分。为此，有更多学者将视线

[①] 参见高其才《当代中国法律对习惯的认可》，《政法论丛》2014年第1期。

转移到对习惯法、地方立法以及相关的民间规范的研究活动中。这一特点在2015年《立法法》修订之后体现得尤为明显，学界的关注点着力于民间规范与相关概念的区别，以及地方立法对民间规范的识别标准、清理原则、进入地方立法的技术和方法。梳理相关文献后发现，目前大体有以下几个方面。

一是在民间规范进入地方立法的可行性研究方面。钱锦宇教授认为地方立法视域中民间规范的正当性渊源有：第一，民间规范的治理效果是民众产生心理尊重和认同的重要原因；第二，民间规范的生命力是市民产生尊重和认同的根本原因。[①] 陈光教授认为地方立法与民间规范的契合处在于：第一，二者具有共同的重要属性；第二，经验主义的哲学基础；第三，民众的社会心理基础。[②]

二是在当代中国制定法对民间规范的认可研究方面。高其才教授认为中国法律法规对民间规范的认可方式主要有四种，分别为采取授权性条款认可习惯、采取概括条款（一般条款）处置习惯、采取概括条款处理辖区内原有习惯的效力问题、采取具体条款（特指立法）处置民间规范。[③] 苏力教授是民俗法或习惯法问题研究的先驱，其所强调的是法治社会应该怎么走的路径问题，通过他撰写的一系列的相关论文，力图证明本土资源是可以具有超越性的，超越传统而具有现代性的法律意义，不需要还原中国法律的传统文化根基，就可以建立反映现代化面貌的法律制度。他从社会功能和秩序的眼光界定法律的内涵，把法律定义为一种能够构建稳定预期的正规的制度。顺利进行现代化法治建设，认可和有效运用那些传统和

[①] 钱锦宇：《善治视域下民间规范的价值定位和正当性基础——以地方立法权扩容为基点的分析》，《湖湘论坛》2018年第1期。

[②] 陈光：《论区域立法与民间规范的关联》，《福建法学》2009年第2期。

[③] 参见高其才《当代中国法律对习惯的认可》，《政法论丛》2014年第1期。

习惯是必不可少的。[①]

三是在地方立法与民间规范的互动关系研究方面。王春业教授主要从两个方面提出民间规范与地方立法互动的研究方向：第一，民间规范合法化的重要途径来自地方立法；第二，地方立法过程中吸纳民间规范有利于提高其社会公众认可度，并认为地方立法对民间规范的吸收和规制是二者互动的关键。[②] 刘巍教授认为地方立法与风俗习惯之间的关系问题不单纯是静态关系，而是可以调适和互动的，以促使双方进化，主要方式为鉴别和变通。[③] 谈萧教授认为应从民间规范与地方立法的冲突中提出可行性的方案，主要有法律文化整合、法律秩序整合、功能边界划定等。[④]

四是在民间规范进入地方立法的路径研究方面。谢晖教授认为地方立法对待民间规范有三种态度，分别为认可、废除、创制。吕金柱、石明旺教授认为习惯进入地方立法的路径体系应从兼容性的立法观念、区分习惯的具体情况、隐形路径、推动公众参与地方立法等四个方面作出尝试。[⑤] 彭中礼、王亮教授认为，民间规范在地方立法中的适用方式主要在于吸收和变通，吸取民间规范当中能够促进法治建设以及保障公民权利等发挥正向作用的内容。[⑥]

[①] 苏力：《当代中国法律中的习惯——一个制定法的透视》，《法学评论》2001年第3期。
[②] 王春业：《论民间规范与地方立法的良性互动》，《暨南学报》（哲学社会科学版）2017年第9期。
[③] 刘巍：《地方立法与风俗习惯》，《甘肃政法学院学报》2008年第3期。
[④] 谈萧：《论民间规范与地方立法的冲突及协调》，《暨南学报》（哲学社会科学版）2017年第9期。
[⑤] 吕金柱、石明旺：《论习惯在地方立法中的实现路径》，《学术探索》2012年第4期。
[⑥] 彭中礼、王亮：《论地方立法中的民间规范——以设区的市立法为例》，《湖湘论坛》2018年第1期。

五是在传统习惯法研究方面。以梁治平教授为代表的法学家们将清代习惯法作为此类研究的典型案例加以分析,之后的研究者大多都以此为基础进行研究。梁治平教授根据清代官府存档和民间合同以及民国初期的司法调查等相关资料,并结合过去学者的相关研究成果,对清代习惯法予以全面、系统的研究。其中尤为显著的是,借助原有的法律制度框架以及曾经调查过的国家—社会二分体系,对民间规范的概念有了清晰的界定,创造性地阐述和分析了清代社会规范系统的构造,以及这种规则体系在社会生活中的运作规律。

六是在民间规范制定法的反思方面。国内现阶段关于这部分的研究,大多侧重于民间规范如何进入地方立法;民间规范进入国家法的困难及其原因等,有学者指出这样的立意存在根本性立场错误。如刘作翔教授对法律多元的反思,认为实际上是一种规范多元。规范多元是一个客观的社会存在,任何社会都存在,包括民间规范在内的每一种规范类型都有自己存在的价值和适用的场域,包括时间和空间。[①] 苏力教授认为,当国家制定法和民间规范发生冲突时,不能一味地采取国家制定法同化民间规范的方式,任何习惯一旦被法律化,通过文字固定下来,都或多或少地会失去其作为规范所发挥的作用和活力。[②]

(二) 国外研究及评述

从世界各国以及有关地区的法律发展轨迹来看,民间规范或多或少地都发挥过重要的作用。以西方国家为例,在经历过长期的民

[①] 刘作翔:《每一种规范都有自己存在的价值和作用》,《人民法院报》2017年6月2日第5版。

[②] 苏力:《送法下乡:中国基层司法制度研究》,北京大学出版社2011年版,第190—191页。

间规范编纂以及制定法的完善健全阶段之后,部分民间规范被国家制定法采纳成为具有国家法背书的法律条文,而其余民间规范则随着社会生活的不断发展逐渐消失。

从欧洲的法律传统来看,11世纪后期至12世纪早期是民间规范与国家法发展的关键节点。在这之前,西欧法律秩序中所谓的法律规则和秩序,与当时的日耳曼社会习惯、政治制度、宗教制度等其他社会控制并未分离或区隔,[①] 主要表现在：首先,完整的世俗法并没有从一般的部落习惯、地方习惯和封建习惯中被发现；其次,职业法官和执业律师以及分等级的法院都没有出现；最后,当时社会中也没有对法律所谓体系化的认识,概念、原则、规则、标准等都较为分散、零碎。而到了11世纪后期至12世纪早期这一阶段,由于当时教皇格列高七世在1075年发起革命,主张教皇在整个西欧教会中至高无上的权威,并要求教会独立于世俗统治。[②] 正是基于这种在政治上强大的教会和世俗中央当局,逐渐形成了法学家阶层,包括职业法官、执业律师和法学院、法律专著,以及相应的法律原则、诉讼程序体系的建立,使得之后几个世纪中以习惯为主体的日耳曼民俗法逐渐消失,更加精密的法律开始出现。16世纪后,因为一系列的革命,西方的法律传统开始改变,将它的日耳曼背景几乎消除。[③] 但是,以民间规范为主体的日耳曼民俗法并未完全消失,诸如法国合法同居制度（PACS）[④]、德国法典对习惯规

---

① [美]哈罗德·J. 伯尔曼：《法律与革命》第1卷,法律出版社2008年版,第46页。
② [美]哈罗德·J. 伯尔曼：《法律与革命》第1卷,法律出版社2008年版,第270页。
③ [美]哈罗德·J. 伯尔曼：《法律与革命》第1卷,法律出版社2008年版,第46页。
④ 合法同居制度（PACS）在法国属于一种共同生活的方式,实质上是两个同性别或不同性别的成年自然人为同居生活的目的而基于法国法律订立的合同。参见蒋传光、蔺如《习惯进入国家法之国外情况考察》,《学术交流》2014年第10期。

则的规定①都反映了国家法对民间规范的重视。

进入现代,民间规范的作用在西方法律体系中不断被弱化,不再成为法律研究的重点。但通过大量研读西方法学家的书籍,我们仍能从中找到许多关于民间规范的描述。其中,民间规范对于人类学的研究投入了最多的人力物力,法人类学最初从秩序作用的角度去认识和领会法律并且逐渐形成开展习惯法、民间法相关研究的法学流派。最早法人类学研究者认为,初民社会中的法律和习惯是完全相同的两种规范,初民社会中根本就不存在所谓的法律权威和司法运行程序。在社会文化不断开明进程中,这些观点被严厉地批判和否定。然而法律具备"可诉讼性",即规则必须要有法院能够运行和具有可操作性的方法进行表达、论述。

韦伯先把习惯是否合理放在一旁不管,根据常见的术语学,他认为民间规范的实际效果在一定的层次上对这种强制性机制产生依赖,虽然这种强制性威力是来自意见一致,而不是人为的制定。霍贝尔则强调初民社会中法律恰当性的判断并非以法院为标准,强制力以及官方权威加上所谓的常规性才是法律的标准点。在任何社会时期,不管是原始社会抑或文明社会,法律必须是被授权的统治者按照法律运用强制力。这些授权的部门可以是部落、社会群体和组织等。昂格尔对民间规范内涵的界定较为广泛,他认为民间规范是产生于人们的日常生活中,能够被反复使用的规则。

(三)现有研究的不足和完善的进路

目前,学界研究关于在中国社会结构变迁背景下,社会多元主

---

① 《德国民法典》第 157 条规定:"对合同的解释,应遵守诚实信用原则,并考虑交易上的习惯。"第 242 条规定:"债权人有义务依诚实和信用,并参照交易习惯,履行给付。"除此之外,德国允许习惯在特殊案例中优于制定法,同时习惯在商法和劳动法中也发挥着重要的作用。参见蒋传光、蔺如《习惯进入国家法之国外情况考察》,《学术交流》2014 年第 10 期。

体的形成及各主体间关系的变化以及国家与社会应当适度分离、良性互动的共识已初步达成,但对于国家与社会之间互动机制的研究和讨论还需要更深层次的探讨;同时对于不同层次不同领域中不同社会治理方式与途径的关联性研究也需要进一步深入,而对民间规范和地方立法参与地方社会治理的特殊关系的研究也存在不足。

民间规范是从法治社会建设切入法治实践的关键环节,如何建设法治社会,必须抓住地方、基层这一重点。作为地方性知识和基层生活规范的民间规范也必然最先、最多地与地方立法和地方法治建设发生联系。为应对这一现实变化,民间法研究应从立法学上产生转变,将研究民间法与中央立法的关系转到研究民间规范与地方立法的关系。这当中,民间规范与地方立法为什么要融合发展、能否融合发展、如何融合发展等问题是需要回答的重要命题。[①] 因此,尽管有关民间规范、地方立法问题已在法学、经济学、管理学、社会学、政治学、民族学等领域得到了广泛研究和讨论。但是,现有研究很少直接涉及"民间规范与地方立法"的关系问题,有关"民间规范与地方立法"在社会治理中的相互关系研究处于"空白"。为了更好贯彻实施全面依法治国方略和为国家治理现代化进程提供相应理论支持与行动方案,需要充分把握民间规范同地方立法融合发展的逻辑基础和发展可能性,消除障碍,探寻融合路径。[②]

三 研究内容与方法

(一) 研究内容

随着依法治国的全面推进,尤其是 2015 年《立法法》的修订

[①] 黄喆:《论民间规范与地方立法的良性互动》,《南京社会科学》2018 年第 7 期。
[②] 陈永蓉:《国家治理现代化背景下的村规民约研究》,博士学位论文,华中师范大学,2017 年。

之后，中国法学界对民间法的研究出现转变，即从研究民间法与国家法的互动关系转向研究民间规范与地方立法的融合发展，将民间规范的发展纳入地方法治建设环节予以考察，从而既回应地方立法主体扩容后对地方立法学的理论需求，又为推进"法治国家、法治政府、法治社会"一体建设的治国方略提供基于法治社会建设的理论阐释。对于民间规范，地方立法究竟应当如何对待和加以融合？从党的十九大提出要"打造共建共治共享的社会治理格局"的角度看，其本质是追求社会的多元共治，其中就包括社会治理规范的多元。[①] 作为地方治理规范体系中的地方立法和民间规范，二者在目的、空间、渊源上具有契合性。地方立法与民间规范的相似性和共通性使得其互动交流存在合理的理论和现实基础，若将民间规范放到国家治理现代化的大背景下，民间规范本身就是一个国家政治民主的"试验场"，其自身固有的平等性、互惠性以及自治性特点，对于一个国家在完善自身民主建设、法治建设方面有着重要的促进和帮助作用。[②]

良好的民间规范和科学的地方立法，不仅在全面依法治国之"全面"法治体系构建中发挥举足轻重的作用，在基层治理法治化建设中更是必不可少、赖以使用的"推进"手段。民间规范和地方立法融合发展、相辅相成，地方立法融合良好的民间规范，民间规范融合科学的地方立法，从基层社会治理和地方法治建设两个层面共同推进国家治理体系和治理能力现代化。为达成这一目标，应当充分发掘民间规范和地方立法融合发展的可能性和现实基础，克服障碍寻求发展途径，为实施全面依法治国方略和推进国家治理现代

[①] 周林彬、蔡文静：《社会治理角度下的民间规范与地方立法》，《甘肃社会科学》2018年第1期。

[②] 李胜兰、黎天元：《民间规范、地方立法与社会治理效率》，《社会科学战线》2018年第1期。

化提供相应的理论支持与行动方案选择。

本书按照2017年国家社科基金重点项目"民间规范与地方立法"的立项要求，在"民间规范"与"地方立法"的互补、替代、矛盾关系的基础上，提出利用民间规范与地方立法两者形成对社会治理的有效补充，并对中国地方立法中的民间规范进行历史与现状考察。其中主要以当代中国地方性法规、规章以及贵州省民间规范为基础进行实证研究，分析当代中国二者之间存在的问题，探寻地方立法与民间规范互动的可能性与可行思路。当然，对于研究地方立法，应该将目光放得更远，切实考虑到全面深化改革和全面依法治国的整体框架和动态过程，深入探索中央同地方的关系，进而更好地为地方立法服务。对此，由历史到现实，从可操作性、统一性、差异性、创新性四个方面探索地方立法与民间规范的良性互动关系。

（二）研究方法

本书以民间规范为研究对象，所要关注的是法律多元背景下地方立法如何对待民间规范，以及两者规范体系之间的冲突消解与融合问题。民间规范不仅能够平衡地方立法在数量和质量上的矛盾，更能为解决地方立法实践中理性建构与经验演进、法律移植与法律继承的矛盾提供方案，从而促进地方立法与民间规范的密切合作和融合互动。因此，为了阐明地方立法对待民间规范立场、方式以及逻辑结构等因素，本书将对各种法学研究方法予以综合运用。

1. 历史文献分析法

本书综合运用历史文献分析的方法，以中国社会科学院法学研究所图书馆丰富的馆藏，以及中国知网、北大法宝等网络资源为载体，查询已有的研究成果，并对中国地方立法中的民间规范进行历史与现状考察，分析二者之间存在的问题，由历史到现实，从可操作性、统一性、差异性、创新性、过程性五个方面探索地方立法与民间规范的良性互动关系，希望能在地方立法方面提供不一样的分析视角，并取得一定的研究成果。

2. 比较研究分析法

当前法学研究的方法中，比较分析法是重要的方法之一。本书主要通过对两个规范系统的相互比较，以及以时间发展为轨迹的历史与现实比较来体现对比较研究分析法的使用。在第一章中，本书在对两个规范体系在目的、属性、渊源、范围上进行比较的基础上，论证地方立法与民间规范融合的必要性与正当性，在第五章中，通过对传统与现代的对比分析，提出对地方立法与民间规范的融合的具体路径思考。

3. 实证研究分析法

实证研究的方法是法学研究中实在、有用、确定、精确的研究方法，本书作为2017年国家社科基金重点项目"民间规范与地方立法"的重要研究成果，按照课题设计要求，对相关省份的人大常委会法工委、司法行政机关、公安局、检察院、法院以及民族自治州民族宗教管理部门等相关群体进行走访调研，对书中提到的有关问题与所能接触到的各类专业人员进行了充分的交流和探讨，尽可能获取第一手资料和信息，借助现有资料进行实证分析，进一步明确中国地方立法与民间规范存在的主要问题，并试图探索解决这一制度的方式方法。为加强论点的说服性，本书研究成果也使用了法社会学取得的实证材料及通过各种方式和途径获得的其他资料进行汇总，进一步说明研究的理论观点。

4. 案例分析法

案例分析方法将通过类型化的案例研究对民间规范做总体上的探讨，在此基础上通过个案的考察，分析部分案件中出现的问题。本书第一章通过对包括殡葬习惯、饮食习惯、生产习惯、婚姻习惯、宗教习惯等进行类型化分析，即对中国地方立法中的民间规范进行简要的梳理。在第二章中，列举了贵州黔东南侗乡自治传统和寨老制度、苗医药文化遗产保护、《贵州省食品安全条例》（2017）、《黔东南州自治条例》中的民间规范以及第五章中举用"枫桥经验"、农村赶集，"三投靠"等例证，思考中国地方立法对待民间规范的可行路径。

5. 法社会学分析法

正是由于民间规范与地方立法一起，共同担负起调整社会关系、规制社会生活以及维系社会秩序的功能，因此，法社会学分析法首先意味着地方立法与民间规范相结合的分析方法，关注法律与社会之间的问题是法社会学的关键。法律运用在社会中，更多的是法律对于社会秩序所发挥的构建功能，二者相加不仅仅是为了凸显二者存在的对立、矛盾与冲突，还会涉及二者之间的沟通、交流与融合。通过法社会学的研究方法，最终希望达成的是在法律多元的背景下实现法律规范的统一适用或整合，最终实现法治社会。

6. 研究意义

近年来，对于民间规范的研究越来越受到重视，并取得了丰硕的理论成果。本书作者申请2017年国家社科基金重点项目"民间规范与地方立法"进行专项研究也是在这一大背景下进行的。然而，当下略显不足的是，关于民间规范的研究成果对于法律实践并没有产生应有的预期影响。立法过程中并不常以习惯调查为立法基础，司法过程中既缺乏对民间规范的了解，也较少直接援引民间规范为法源。2021年《民法典》实施后，习惯成为民法正式的法律渊源。根据《民法典》第10条的规定，习惯依据其产生方式可以分为自然的习惯与制定的习惯，其中制定的习惯就包括民间规范的现象。[①] 此

---

① 《民法典》自2021年1月1日起施行，编纂时完全保留了原民法总则的条款。

外，行政管理过程中也会发生以移风易俗或革除陈规陋俗为名消灭民间规范，但发生纠纷时又无法获得国家法的支持，从而陷入法律供给与法律需求相互"错位"的尴尬状态。这些情况反映出指导法律实践的法学理论缺乏对民间规范的足够关注，也反映出从实现法治和建构法学范式两个角度进行的民间规范理论研究仍然比较薄弱。为改变这种状况，需要从建构法治以及实现法律所应有的秩序与意义功能的角度，深入探讨民间规范的理论与实践。①

民间规范是一种具有普遍法学意义的研究对象。民间规范是贯穿古今中外的普遍法律现象，人类早期的法律主要是对民间规范的记载，各国历史上的法律制度经常从民间规范中汲取规范内容。现代社会中的立法也要考虑社会中的既有习惯，以加强制定法的社会基础。民间规范可以经过国家承认或认可而成为国家法律规范，这种现象被称为民间规范的"双重制度化"。不可否认的是，通过这种"双重制度化"，一定程度上实现了系统世界与生活世界的沟通与对接。② 由于民间规范与社会生活之间存在密切联系，它广泛涉及各种社会关系领域。从现代法律体系的划分来看，民间规范不仅存在于民商、婚姻家庭、财产继承等私法领域，还存在于行政法甚至刑法领域。对此，从治理能力现代化视角出发研究民间规范与地方立法的关系，不仅具有区域研究意义，也具有普遍意义。③

首先，对民间规范与地方立法的强调，更多的是因为二者在当前社会结构中起到的不可或缺的积极作用。改革开放40多年来，特别是新中国成立70多年来，中国各行各业都取得了斐然的成绩，

---

① 参见厉尽国《法治视野中的习惯法：理论与实践》，博士学位论文，山东大学，2007年。
② 彭中礼、王亮：《论地方立法中的民间规范——以设区的市立法为例》，《湖湘论坛》2018年第1期。
③ 周林彬、蔡文静：《社会治理角度下的民间规范与地方立法》，《甘肃社会科学》2018年第1期。

这其中就离不开国家宏观层面的法制建设，有法律的保驾护航才能够获得如此稳中向好的局势。但中国幅员辽阔，各地经济文化发展并不相同，如果采取完全相同的做法必然会导致不利的后果，多民族、多地域的现实，使我们必须正视国家法的限度基于不同的历史观念、权力观念、仪式文化在同一时空的并存与互动，此时民间规范的作用被不断放大。同时，一个社会想要健康、有效地运作，需要平衡好国家权力和社会权力的边界，允许社会在法律允许的范围内进行有条件的自我管理，调动社会自身积极性，这一目标的实现需要允许民间规范的存在，并且肯定其所搭建出来的框架的有效性及合理性。①

其次，随着人们法治意识的不断提升，立法技术的不断完善，支撑市场经济和社会不断进化的契约性民间规范则势必成为法治社会构建中重要的内容。在法律发展进程中，如何兼顾好法律本土化与法律现代化是实务界与学术界热议的焦点，探索多元化法律互动机制也成为话题的中心。当前中国正处于转型发展的重要阶段，社会中交杂着二元结构特征与新旧因素。但从总体上来看，国家法治统一是发展的必然趋向，诚然，传统民间规范虽然有其自身不可避免的缺点，但在国家法律秩序框架的构建中也发挥着十分重要的作用，这是由于中国传统社会中的民间规范在百姓生活中被普遍认可，并获得了较好的执行和遵守。在立法的过程中不宜强行通过大量立法改变人们长时间赖以适用的民间规范，否则很难被人们接受并且妥善遵守，甚至有可能适得其反。所以，在转型过渡的关键期间，法律不能将民间规范一概舍弃，应当允许其在有限的范围内发挥其不可取代的作用，法律与民间规范并行适用，能够营造出更适

---

① 王春业：《论民间规范与地方立法的良性互动》，《暨南学报》（哲学社会科学版）2017年第9期。

合中国社会的法律框架。因此，探索国家法和民间规范的互动机制，最重要的就是要研究好民间规范与地方立法关系，这不仅为解决当前所面临的一系列挑战和难题，更为以稳健的姿态昭示着中国法治之路不平凡的历程。①

最后，对民间规范的研究不能只停留在表面，应当深入挖掘民间规范与地方立法。通过上述分析可证，在民间规范的研究过程中，学术界已形成多元文化视角的研究方式，如从政治组织、经济利益、文化意义、社会功能、历史记忆、语境分析、机制运行等视角对民间规范展开多方位的研究。通过对前人研究的总结归纳，大致可分为两种研究途径，一类是从法人类学和法社会学立场来研究根植于日常生活的民间规范及其意义，另一类则着力于从规范角度来探讨深入地方立法实践的民间规范及其运行。对于如何在地方立法中将民间规范吸纳进来，一直以来还存在不同的意见。为此，对民间规范研究的一项重要工作就是要回应质疑者，通过对理论的解读和实践中的运用来诠释民间规范与地方立法的意义所在。② 除此之外，民间规范在地方立法中还面临许多具体的问题，这些都有待于民间规范研究给予深切的关注与积极的探究。

四　本书研究成果的创新之处

（一）研究视角的创新

作为 2017 年国家社科基金重点项目"民间规范与地方立法"的重要研究成果，本书力求在研究方法、内容、文献资料等方面引

---

① 周林彬、蔡文静：《社会治理角度下的民间规范与地方立法》，《甘肃社会科学》2018 年第 1 期。

② 张晓萍：《法治视域下的民间法研究——第六届全国"民间法·民族习惯法"学术研讨会暨广西法学会法理学研究会 2010 年年会综述》，《民间法》2011 年第 1 期。

入全新的理论观察视角。当前,法学界对民间规范与地方立法的融合研究还处在萌芽阶段,通常采用功能式、个案式的展示来表现二者联系的正当性和路径,实证研究更多的也是对当代地方立法的分析论证,而对于古代中国处理民间规范的方式和内容着墨较少。本研究成果通过对古代地方法律文献的考察,分析古代地方立法处理民间规范的方式和内容,从历史中寻求"中国经验"与"中国智慧",致力于揭示中国社会的传统性、复杂性、全面性,为解决中国问题提供真实的材料和可靠的建议。

(二)研究内容的创新

从地方治理的角度,将地方立法与民间规范纳入地方治理规范体系的框架中进行把握,旨在此基础上探索二者的融合关系,即站在对民间规范尊重的立场上,而非一味强调国家制定法对民间规范吸收,避免陷入"国家法中心主义"的窠臼。

(三)论证视角更为具体

本书通过文献综述指出民间规范与立法关系研究存在的最大不足,是对地方立法的关注度不够,进而以民间规范与地方立法的互动关系为切入点展开论证,使民间规范的研究获得新的学术增长点,也在一定程度上拓展了地方立法研究的新视野。

(四)完善建议更为可行

选题与展开研究源于地方立法与地方治理的实际需求,为地方立法实践提供了必要的理论支撑,相关对策建议能够被立法机关参考,能够产生一定积极的社会影响,从而在一定意义上推动地方治理的现代化,在良法善治的框架下推进地方法治建设。

(五) 研究思路更为多维

理论上"民间法—国家法"的研究框架，尽管明晰了解决问题的思考进路，但已有探讨却主要指向民间规范与国家司法、中央立法等的关系分析，缺乏对民间规范与地方立法两者关系的足够关注。本书旨在能够协调民间规范与地方立法的冲突，充分发挥二者在地方治理及法治实践中提供理论指导的正面功能，能够有效指导地方立法实践，具有一定的社会影响。在此背景下，本书立足于地方社会治理视角，聚焦民间规范与地方立法的关系范畴并就两者的良性互动、融合问题展开探讨，具有重要的学术价值。

第一章

治理能力现代化下地方治理规范体系的理论逻辑

作为中国立法体制中的重要一环,地方立法受立法体制"一元两级多层次"的立法特征影响,既有对中央立法的从属性,也有从实际出发、着重解决地方特殊问题的自主性。在深入贯彻习近平法治思想的今天,地方立法的价值越发彰显,地方立法的作用也得到了立法机关更多的重视。"对地方立法的研究,不能仅仅局限于一般意义上的中央与地方的关系,而是需要纳入全面深化改革与全面依法治国的整体框架和动态过程来考察。"[1]

治理能力现代化也对地方立法提出了更高的要求。从地方立法与中央立法的关系来看,一方面,地方立法应当与中央立法保持内在的一致性,维护中央立法的权威以及保证中央立法在全国范围内的效力;另一方面,地方立法要针对性地解决地方实际问题,而不仅仅是对中央立法的照搬照抄。从不同地区地方立法的异同来看,由于中国面积广阔、区域众多,各地省情、市情也都存在较大的差异性,因此,地方立法应当对当地特殊的自然环境和人文环境进行考量,以凸显地方立法特色,提高地方立法的针对性。

---

[1] 葛洪义:《关于中国地方立法的若干认识问题》,《地方立法研究》2017年第1期。

第一节　治理能力现代化下的地方治理规范体系

治理体系和治理能力现代化是中国特色社会主义制度及其执行能力的集中体现，有助于推动中国特色社会主义制度不断自我完善和发展、永葆生机活力，是中国全面深化改革的总目标之一。在治理能力现代化的背景下，多元共治的社会格局已经成为必然趋势，而多元共治既包括治理主体的多元也包含治理规范的多元。同时，为了更好地推进治理能力的现代化发展，有必要立足地方特殊性，对地方立法与民间规范进行融合，实现二者的良性互动。

一　治理能力现代化的理论背景与实践意义

治理能力现代化是科学的治理理念，是中国新时代的治国方略。围绕"治理"和"现代化"，近年来已经制定了一系列的政策和方针，治理能力现代化建设也已初见成效。

（一）"治理""现代化"的概念

2013年11月，党的十八届三中全会通过的《中共中央关于全面深化改革若干重大问题的决定》首次提出了"推进国家治理体系和治理能力现代化"的改革目标。自此，围绕国家治理体系和治理能力现代化，党和政府相继出台了一系列的政策和战略方针，为该项改革目标的实现不断注入新的活力。2019年10月，党的十九届四中全会审议通过了《中共中央关于坚持和完善中国特色社会主义制度、推进国家治理体系和治理能力现代化若干重大问题的决定》，对国家治理体系和治理能力现代化作出了顶层设计和全面部署。针对国家治理体系和治理能力现代化，有人将其高度概括为"国家治理现代化"。无论出于怎样的理解，都离不开对"治理"和"现代化"的全面理解。

1."治理"的概念辨析

"治理"(Governance),首先是人类社会处置自身集体事务的一种有组织的实践活动。与人类始终相随,只要人类存在,就必然需要治理。人的本质体现在社会性上,本能趋向于群居,由此结成群体性的社会和各种组织。早在原始社会里,人人共同劳动、相互平等,面对集体公共事务,以氏族议事会的形式全员参与处理,萌生出治理的初始形态。阶级社会后,以国家为中心对公共事务进行管理。在奴隶制和封建制时期,国家治理本质是专制和人治。群体内人与人之间的关系,在原始社会是"交换",在奴隶社会是"奴役",在封建社会是"剥削",在资本主义社会是"雇佣",而在未来社会是"协作",这是人类社会的发展路径,也是人类文明的进步阶梯。国家治理是人类社会中的一个重要阶段,是达到更好的未来治理的前阶,未来治理进入全新的阶段,国家从社会那里获取来的权力将归还于社会。其次,"治理"是一种理念。20世纪后期,随着新公共管理理论兴起,"治理"理念日益受到学界和政界重视。简·库伊曼提出:"治理可以被看作是一种在社会政治体系中出现的行为模式或结构,它是所有被涉及的行动者互动参与努力的'共同'结果或者后果。"[1] 联合国全球治理委员会在1995年界定"治理"是:"各种公共的或私人的个人与机构管理其共同事务的诸多方式的总和。"[2] 并进一步概括治理的四个特征为:"过程",治理不是一套规章条例或一种活动,而是一个过程;"协调",治理不以支配为基础,而以协调为基础;"多元",治理涉及公、私部门;

---

[1] 杨和平:《从治理的角度论社会管理与社会自治的关系》,《山东行政学院学报》2013年第5期。

[2] Commission on Global Governance, *Our Global Neighborhood: The Report of the Commission on Global Governance*, Oxford University Press, 1995.

"互动",治理不意味着一种固定的正式制度,而在于持续的相互作用。作为一种崭新的理念,治理以解决问题为导向,强调参与合作,反对零和博弈,力争化解矛盾与冲突,在互利、互惠的基础上加强政府、市场与社会的合作,实现社会发展和公共利益的最大化。[①]

2. "现代化"的概念解读

"现代化"(modernization),在英语中是一个动态名词,是使其成为现代(to make modern)的意思,现代化是人类社会不可抗拒的历史大趋势。现代化进程依托三重要素。一是物质要素,包括土地、资本、劳动力以及各种自然资源等。相对而言,拥有丰富的物质资源禀赋,对推进现代化更有优势。二是制度要素,制度就是规则,包括各种微观制度和宏观制度。微观制度如村规民约等,宏观制度包括国家顶层治理设计等,制度提供物质要素的配置规则。三是精神文化要素。物质、制度、文化三重要素互动、耦合、协同,最终决定一个国家现代化的速度和质量。

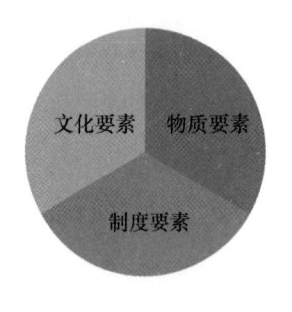

图 1-1 物质、制度、文化三要素

[①] 参见陈永蓉《国家治理现代化背景下的村规民约研究》,博士学位论文,华中师范大学,2017年。

"现代化"是一个流动的概念,在每个时代都有着不同的内涵,不存在固定的现代化模式。虽然西方现代化理论提出了一种所谓现代化模式,但那并不是可以复制、可以模仿的概念或路径。可以说,在汉语语义下,将"现代化"理解为"向前看的现代化"更为妥当,而西方现代化理论所推荐的所谓现代化模式在实质上属于一种"回头看的现代化"。"向前看的现代化"是一种精神追求和理念向往,在全球化的新时代,是以构建人类命运共同体为目的的。构建人类命运共同体的理念和主张,既是国家内部事务治理的目的,也适用于全球治理。

(二)"治理能力现代化"是科学的治理理念

"治理能力现代化",指在国家和社会领域,由国家主导的治理必须达到民主化、法治化、制度化、多元化,包含法治、德治、共治、自治;[1] 也是政府、公共或私人机构、个人等多元主体,对与其攸关的各类公共事务,通过互动和协调而采取一致行动的过程。具体包括:一是国家治理现代化强调"过程"。国家治理是在不断发展变化的社会经济背景下进行的,具有动态性、发展性和延续性的特征,既不能试图在任何时空条件下都以不变应万变,同时也不能试图在短时间内一蹴而就。二是国家治理现代化强调"协调"。社会本身是一个生机勃勃的具备组织能力的有机体,不能迷信用强力或蛮力等强制力量去"支配"社会,要克服以往"一刀切"、运动式、压制型、恩赐性、功利性的管理方式和制度缺陷,让社会本身发挥其自我发展、自我纠错、自我修复的功能。三是国家治理现代化强调"多元"。社会是由各个阶层、各类群体构成的,不同阶层和群体的经济利益、社会地位和政治诉求都不一致,重视治理主体的多元化,防止出现社会排斥。政府机关或是社会组织、群体中

---

[1] 许耀桐:《"第五个现代化"独特内涵与历史轨迹》,《人民论坛》2014年第7期。

的多数或是少数、强势方或是弱势方,都可以共同参与国家治理,共同分享治理成果,这就要求转变政府职能,树立有限、责任、法治、服务政府的观念。四是国家治理现代化强调"互动"。建立适合多元主体参与的治理体制和机制,使多元主体能够充分提出利益诉求,在沟通交流、相互妥协、协商一致基础上凝聚共识,同心同德,在行动上互动配合,构筑政府与非政府合作、公共机构与私人机构合作,培育社会组织,保障社会自治,推动公众自律。[①]

(三)"治理能力现代化"是中国新时代的治国方略

中国共产党对于现代化的认识横跨了半个多世纪,国家治理体系和治理能力现代化的形成和提出,是中国共产党高度重视现代化、不断求解现代化的结果。[②] 党的十八届三中全会把"推进国家治理体系和治理能力现代化"作为全面深化改革的总目标之一,强调要搞好政府治理、社会治理、社区治理、系统治理、依法治理、综合治理、源头治理、第三方治理等多方面的国家治理。习近平总书记指出:"国家治理体系是在党领导下管理国家的制度体系,包括经济、政治、文化、社会、生态文明和党的建设等各领域体制机制、法律法规安排,也就是一整套紧密相连、相互协调的国家制度。"[③] 国家治理现代化方略的提出,奠定了国家治理在人类社会发展中的历史地位,展示了中国共产党认识现代化的最新成果。中国"国家治理现代化"的治国方略,具有鲜明的中国特色:一是形成以治理为内核的治国理政思想体系,即一个"国家富强、民族复兴、人民幸福"中国梦的召唤,"两个一百年"目标的引领,治党、治国、治军三大主线的统筹,全面建设社会主义现代化强国、

---

① 参见陈永蓉《国家治理现代化背景下的村规民约研究》,博士学位论文,华中师范大学,2017年。
② 许耀桐:《习近平的国家治理现代化思想论析》,《上海行政学院学报》2014年第4期。
③ 习近平:《切实把思想统一到党的十八届三中全会精神上来》,《求是》2014年第1期。

全面深化改革、全面推进依法治国、全面从严治党的战略布局，经济、政治、社会、文化、生态建设"五位一体"协调发展，以及"创新、协调、绿色、开放、共享"五大发展新理念，五大支柱性政策和补短板防风险等；二是中国的国家治理现代化，走的是社会主义和平发展道路，依靠的是全体人民的团结、智慧和力量；三是国家治理现代化的提出，遵循着历史唯物主义的路径，体现了现代化的最高层次，对于现代化的整体认识臻于完善。国家治理现代化是马克思主义中国化的最新理论成果，既具有体现中华优秀传统文化基因的民族特色，又具有体现改革创新精神的时代特色。

从传统社会过渡到现代社会，政治、经济、社会力量变化，"利莫大于治，害莫大于乱"，国家的大治，是以安定的局面为前提的，只有社会稳定，人民才能安居乐业，生产才能发展，经济才能繁荣。"知所以危则安，知所以乱则治，知所以亡则存"，不能简单沿袭传统的国家统治、国家管理模式，要处理好政府、市场、社会的关系，处理好国家公权力、社会公权力和个人私权利的关系，强调政府、市场和社会等多重力量的合作共治，构成多中心之间的互动协作。推进包括政府在内的各方主体平等参与、协商互动、共同发挥作用，实现政府与社会、个人的良性互动，强调多元性、平等性、透明性、回应性与协作性，强调民主、法治与科学精神的统一，要在国家权力集中、国家机构延伸和法律规则普遍适用的基础上，更加注重激发社会活力、汲取社会资源，促进社会发展，实现国家建构和社会建构的协调统一。要在承认利益和价值观个性化、多元化的基础上，通过互动与协调，整合起各阶层、各群体都能接受的共同利益，形成各方都能接受并能自觉遵循的社会契约。

在国家治理体系和治理能力现代化的背景下，法治的重要性越发彰显。就治理体系而言，法律体系的完善，是国家治理体系不断完善的必然要求和最终体现；就治理能力现代化而言，法治水平的提升也是治理能力现代化的重要标志。具体而言，治理体系是静态的，治理能力是动态的；治理体系是治理能力的基础，治理能力是治理体系的实践。在治理能力现代化进程中，要坚持法治体系和法治能力的协调统一，同时将以德治国与依法治国相结合，实现德治与法治的有效衔接和优势互补，建立起符合中国特色社会主义国情的法治体系，进而不断加快治理能力现代化的历史进程。

二　社会多元共治格局的展开

治理能力现代化背景下，多元共治的社会格局成为必然趋势。改革开放以来，中国的政治、经济、文化、思想等领域，产生了质的变化，社会格局也已经出现根本性变革，传统的、单一的社会格局逐渐向多元化的格局迈进。党的十九大提出了"打造共建共治共享的社会治理格局"的新目标，[1] 这一目标的根本目的便是"发挥市民公约、乡规民约、行业规章、团体章程等社会规范在社会治理中的积极作用"[2]，构建一个国家政府、团体组织、社会民众相互沟通、依法办事的社会秩序新局面，进而"推进多层次多领域依法治理"[3]，实现社会的多元共治。从地方治理的角度看，社会多元共治的格局主要应当从治理主体的多元和治理规范的多元两方面进行考虑。

（一）治理主体的多元

社会多元共治的目标，是"更大范围、更日常化的社会秩序，

---

[1] 习近平：《决胜全面建成小康社会　夺取新时代中国特色社会主义伟大胜利——在中国共产党第十九次全国代表大会上的报告》（2017年10月18日），《人民日报》2017年10月28日第1版。

[2]《中共中央关于全面推进依法治国若干重大问题的决定》，《人民日报》2014年10月29日第1版。

[3]《中共中央关于全面推进依法治国若干重大问题的决定》，《人民日报》2014年10月29日第1版。

则由多元社会主体,特别是社会组织来塑造和维护"[1]。多元的社会主体,除了传统社会格局中的公权力机关和公民外,还包括各种市场主体、社会组织等。根据所治理的问题之差异,不同的社会主体在相应的格局中,也承担着不同的角色。

在中国传统的治理体系下,公权力机关始终是最主要的治理主体。但是,社会发展的趋势越来越复杂多变,公权力机关很难独自有效地完成对社会的全面治理。因此,以公权力机关为核心,如何调动其他主体的社会治理积极性,则成为一项重要的议题。例如,在纯粹的政府管理工作中,政府居于主导地位,但在环境治理、市场管理等方面,就需要政府与公民、社会团体等主体的相互合作,这样不仅可以提高治理效率,还可以有效降低公权力机关的工作成本。

在多元治理的社会格局中,政府也应当及时进行角色和定位的转变。一方面,就政府本身而言,政府作为宏观层面的把控者与治理者,在社会发展的微观方面可能存在一定的滞后性,政府的决策、制度等未必能够在最短的时间内产生应有的治理功效,同时这也会增加政府治理压力,甚至影响政府的公信力。另一方面,就其他社会治理主体而言,经过多年的社会变迁与市场改革,公民、企事业单位、其他社会组织等,已经有了较高程度的发展,不仅具有参与地方社会治理的能力,也有更强烈的参与地方社会治理的意愿。因此,在社会多元共治的局面下,地方政府应当逐步转型,为其他治理主体的成长与发展提供更多的治理空间,增加其"情感归属和认同"[2]。

---

[1] 马长山:《从国家构建到共建共享的法治转向——基于社会组织与法治建设之间关系的考察》,《法学研究》2017年第3期。

[2] 冯玲、李志远:《中国城市社区治理结构变迁的过程分析——基于资源配置视角》,《人文杂志》2003年第1期。

(二) 治理规范的多元

多元的治理规范是多元社会格局的重要基础。多元的治理规范能够为多元主体治理功能的展开提供相应的依据和抓手,同时,治理规范的多元趋势,也能够满足社会多元化发展的实际需求。

首先,多元的治理规范能够为多元主体治理功能的展开提供相应的法律依据。地方治理规范本身就是多元的,其包括地方立法、民间规范、政策、风俗习惯、道德标准等。社会多元主体在不同的问题解决模式中,承担不同的角色,也需要在各自的功能范围内遵循相应的治理规范。倘若缺少了多元的地方治理规范,多元主体的作用发挥便缺少了相应的规范保障,从而不利于多元社会格局的构建。

其次,治理规范的多元化也符合社会发展的实际需求。社会的迅速发展,对治理规范的时效性提出了更高的要求。传统的社会治理格局中,法律规范处于绝对地位,但是相对于快速变迁的社会而言,法律规范又存在明显的滞后性。因此,单纯依靠法律规范,很难满足社会发展的实际需求。多元化的社会治理规范,尽管仍旧以法律规范为核心,但更加重视民间规范、政策、风俗习惯、道德标准的现实作用,并且努力尝试实现不同社会治理规范的衔接与融合,从而更好地解决社会发展所带来的诸多新问题与新挑战。

最后,治理规范的多元化,也是国家治理体系构建中不可或缺的。中国历史悠久,中华法系源远绵长。"乡土社会是农业社会的一种形态,民众主要以农业谋生,世代定居,安土重迁。"[①] 在传统的农耕时代,中国各地区的民间规范都有着极大程度的发展,不同类型的民间规范构成了传统中华法系的重要资源。与民间规范相对应,近代以来,随着世界法治化进程的革新,中国在地方立法上也

---

① 费孝通:《乡土中国》,北京大学出版社2012年版,第81—87页。

逐渐有了新突破，地方立法体系的形成，为地方治理提供了重要的文本依托。综上所述，以民间规范和地方立法为主要代表，多元化的治理规范是国家治理体系构建中不可或缺的资源，彼此相互作用，推进国家治理体系的不断完善和发展。

三　地方立法与民间规范的逻辑起点

地方立法与民间规范的融合，是对法治中国"三位一体"建设的必要回应。在这一大背景下，基于二者在本质上的相似性，地方立法与民间规范的融合也符合地方立法发展的内生需求。此外，由于民间规范与地方立法在规范体系上具有对应性，在地域范围上具有契合性，在规范渊源上具有共同性，二者的良性互动也存在现实上的可能。

（一）法治中国"三位一体"建设的必要回应

习近平总书记2012年12月4日在首都各界纪念现行宪法正式颁行30周年大会上的讲话中首次提出了"法治国家、法治政府、法治社会一体建设"重大命题，这标志着法治社会成为法治中国"三位一体"建设的重要组成部分。然而，相较于20世纪90年代即被纳入宪法的法治国家建设，以及近十多年来持续推进的法治政府建设，中国法治社会建设仍属于法治中国"三位一体"建设中的薄弱环节。[1] 法治社会建设既亟须以国家法治来保障社会组织的自主自治，使社会自治规则成为制约国家权力的武器，成为法治国家建设的基础；也需要注意规范和控制社会权力的恣意，引导社会组织和社会群体遵守国家的宪法和法律。[2]

为此，作为社会自治规则的民间规范与国家立法之间的互动互

---

[1] 黄喆：《论民间规范与地方立法的良性互动》，《南京社会科学》2018年第7期。
[2] 张鸣起：《论一体建设法治社会》，《中国法学》2016年第4期。

控，对当前法治社会建设及法治中国"三位一体"格局的建立健全具有重要意义。而且，由于中央立法侧重统筹兼顾各地不同情况并主要制定可供全国适用的法律规范，因而与广泛产生并存在于地方社会治理中的各类民间规范具有一定的距离，难以形成直接、全面的互动。在此前提下，民间规范与国家立法的互动互控更多地需要在地方立法层面展开，即要推动民间规范与地方立法的良性互动，从而一方面促进民间规范体系的生长与完善，使民间规范成为地方治理中"国家法的补充及社会自我调节和自卫的手段"[1]，另一方面则需要进一步加强地方立法对民间规范的引导与保障，规范社会自治主体及其权力的运行，以推动法治社会建设的进程，进而形成对法治中国"三位一体"建设的积极回应。

（二）民间规范与地方立法发展的内生需求

一方面，就民间规范而言，中国法治现代化对于规范体系的国家建构主义偏好，在较大程度上压缩了民间规范的生存空间，不但导致了基于社会建构而生成的民间规范逐渐旁落，而且加速了民间规范体系的离散。同时，一些民间规范由于沿袭陈规旧章甚至成为陋习陋俗的载体，这不仅与经济社会发展的客观规律相悖，也反过来极大地制约了其自身的发展。基于此，民间规范与地方立法的良性互动，有助于在现代法治框架下实现民间规范的重新定位与自我改造，提升民间规范的规范化水平，改善民间规范"野蛮生长"的现状，推动民间规范的持续性发展。

另一方面，就地方立法而言，地方特色彰显不足。地方立法"照搬照抄"现象的普遍存在，不仅造成地方立法与地方实际相脱离，也使得地方立法因"不接地气"而实施效果不佳。马克思曾指

---

[1] 郭道晖：《法治新思维：法治中国与法治社会》，《社会科学战线》2014年第6期。

出:"法典一旦不再适应社会关系,它就会变成一叠不值钱的废纸。"① 对此,民间规范与地方立法的良性互动,有助于推动立法者对民间规范的考察,使其了解在民间特定领域业已存在的规则,并将这些规则合理地融入地方立法具体规范的设计中,进而凸显地方特色,使不同的地方立法之间表现出一定的"区分度",以实现地方立法的特色化发展。

(三)民间规范与地方立法良性互动的现实可能

首先,民间规范与地方立法在规范体系上具有对应性。所谓"互动",就是指不同主体间相互作用并运动变化的过程。据此,只有存在地位相对独立且关系相互对应的双方或多方,才有可能形成互动。就民间规范与地方立法而言,两者在创制主体、制定程序、调整方式、规范效果等方面的差异,使它们分别构成了各自独立的创制系统。与此同时,两者又统一于行为规范之范畴内并彼此对应,使得两者的良性互动存在主体上交集的可能。

其次,民间规范与地方立法在地域范围上具有契合性。民间规范的形成与特定地方的人文社会环境息息相关,并以此地域界限作为其空间的效力范围。而按照克利福德·吉尔兹的观点,"法律就是地方性知识"②。尤其是源于地方治理需要而产生的地方立法更集中体现了国家立法的"地方性"。民间规范与地方立法这种根植于地方、生成于地方并作用于地方的契合性,为两者的良性互动提供了特定场域,从而使两者的良性互动具备了空间上的可能。

最后,民间规范与地方立法在规范渊源上具有共同性。民间规范以习惯作为其重要渊源,这些反映生产生活经验与传统信仰的习

---

① 《马克思恩格斯全集》第 6 卷,人民出版社 1961 年版,第 292 页。
② [美] 克利福德·吉尔兹:《地方性知识:事实与法律的比较透视》,载邓治平编《法律的文化解释》,邓正来译,生活·读书·新知三联书店 1998 年版,第 126 页。

惯被人们以口头或书面的形式予以表达、记载和传承而演化成民间规范。① 同时，涉及重要社会事务的习惯"完全有可能被整合进和编入法律体系之中"②。据此，习惯也会成为地方立法的渊源。这表明民间规范与地方立法所属的规范体系并非各自封闭的，共同的规范渊源使民间规范与地方立法得以进行沟通，从而为两者的良性互动提供了操作上的可能。

四　民间规范的概念辨析

在正式展开本书论题的基本内容之前，首先要对本书论题中所包含的核心概念加以简要说明，并以此为基础对本书论题及其意义进行一番解说。对民间规范进行讨论时，首先遇到的是"什么是民间规范"的问题。无论是在理论研究中，还是立法实务操作中，"民间规范""民间法""习惯法"等概念总是存在一定程度上的混用，而概念的混用通常又意味着概念本身含义的模糊以及相关概念边界的不确定。民间规范的概念目前仍然存在很大的争议，其原因主要包含两方面。一方面，民间规范所涉及的内容较多，不同地区、不同文化、不同民族对于民间规范有不同的理解和表现形式，因此，民间规范的内容和形式本身就具有强烈的地域特征和民族特征。另一方面，学者们借助于不同的学说、视角，在对民间规范进行研究时，通常也会得到不同的结论。有些学者会将民间法、习惯法等统称为民间规范，即将民间规范当成一个高度概括性的概念，也有的学者将民间规范与民间法、习惯法等并列。由此可见，各界都对民间规范及其相关概念有不同的理解，因此在实践中，相关概

---

① 黄喆：《论民间规范与地方立法的良性互动》，《南京社会科学》2018年第7期。
② ［美］E. 博登海默：《法理学：法律哲学与法律方法》，邓正来译，中国政法大学出版社2004年版，第401页。

念的混用也就不足为奇。

英语中的 customary law 是"民间规范"的典型表述，它在西方语境具有两种可能的表述。一种是基于大陆法系传统的习惯法，通常是指国家认可或由国家强制力保证实施的习惯，是人们共同信守的行为规则;[①] 另一种是基于英美法系传统的民间规范，它是指"对于一些非常重要的和内在固有的社会制度或经济制度，人们无论在实践中或在信念上都将其视为法律。民间规范以不成文法的形式代代相传，尽管它最终通常会被成文法典所收录"[②]。不同于现代意义上的地方立法，民间规范属于与国家法相对立的一种非正式法律制度。立足于中华传统的礼治秩序，民间规范的产生与运行，并不主要依赖国家强制力，而是依赖传统的经验与道德。因为在传统的乡土社会中，道德约束的力量甚至远远超过公权力的约束。2014年10月党的十八届四中全会通过的《中共中央关于全面推进依法治国若干重大问题的决定》明确提出要"发挥市民公约、乡规民约、行业规章、团体章程等社会规范在社会治理中的积极作用"，这也意味着中共中央将上述社会规范纳入了全面依法治国的体系之中。尽管该文件在具体表述中，所用的是"社会规范"而并非"民间规范"，但根据上下文解释，这里实质上所表示的，便是本书所采用的"民间规范"。自此，民间规范在国家治理体系中的作用，逐渐得到更多的重视。

民间法、习惯法等形式，也都属于广义上的"法"，众多学者对之进行系统化的研究自然有其学术意义。但是从立法的角度看，刻意地区分民间规范、民间法、习惯法的文义区别或价值差异、历

---

① 参见彭金瑞编著《英汉法律辞典》，中国法制出版社2000年版，第302页。
② ［美］Bryan A. Garner 编著：《牛津现代法律用语词典》，法律出版社2005年版，第241页。

史逻辑等,并没有任何实际意义。从立法的角度看,民间规范、习惯法和民间法等,都属于与地方立法等国家法相对立的法律形式,因此,用"民间规范"这一术语对类似于民间法、习惯法、社会规约等概念进行统称,可以有效减少立法理论上的争议,从而降低立法成本。

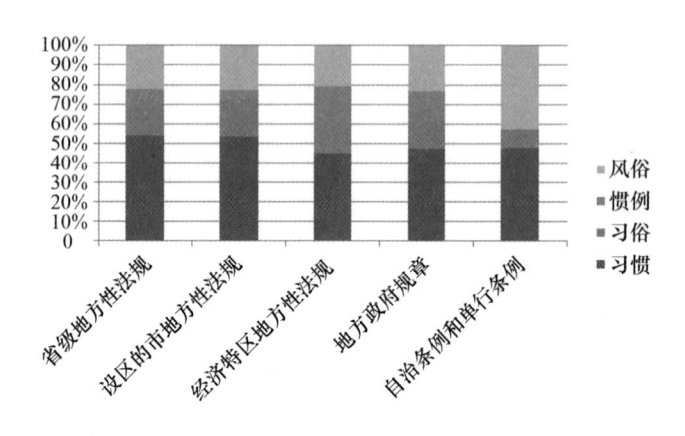

图1-2 民间规范在地方立法中所占比重

本书是以问题为中心讨论民间规范与地方立法理论,对法律的理解已经超出作为国家制定法的"纸面上的法律",转向作为判决依据的"实际的法律",以及作为自发秩序规范的"生活中的法律",是产生了实际的法律效力的法律秩序中所蕴含的行为规则。也可以认为,本书采用法律社会学的广义视角来理解地方立法与民间规范。因此,本书中所涉及的民间规范,也包括这种最接近风俗习惯的社会规范,因此使用一种广义的法律概念将此类民间规范纳入法的视野。不仅如此,本书对民间规范的考察,除了对少数民族习惯法以田野调查资料为基准外,对汉族习惯法将以清末民初民商事习惯调查中所载的传统习惯法为基准,因而有必要采取这样一种广义民间规范概念。当然,本书并不准备简单地宣布采取广义民间规范概念了事，而是将对既有民间规范概念及其所体现的分析框架作出必要的分析，并对民间规范的概念及其与相关范畴的关系作出实质意义上的界定与分类。

本章选取与民间习惯相关联的同义语词"习惯""习俗""惯例""风俗"为关键词进行检索阅览，统计整理出若干涉及以上关键词的地方法规规章。

第二节　地方立法是地方治理规范体系的基础

地方立法，一般指"由宪法、地方组织法、民族区域自治法、特别行政区基本法确定的，或有关法律、法规授权，或有权机关委托或授权的省、自治区、直辖市、设区的市、经济特区及特别行政区立法机关，制定、认可、修改、补充和废止包括地方性法规、地方政府规章、自治条例、单行条例、特别行政区的法律，以及被授权主体制定的效力及于一定地方行政区域的规范性法律文件的活动"。有学者指出，地方立法是指"特定的地方政权机关，依据一定职权和程序，运用一定技术，制定、认可、修改、补充和废止效力不超过本行政区域范围的规范性文件的活动"[1]。作为地方治理规范体系的重要基础，中国地方立法机关十分重视地方立法的发展与完善。自中国确立社会主义市场经济体制的建设目标以来，中国的地方立法体系得到了极大的发展，各种形式、各种层级的地方立法如雨后春笋般涌现。根据"北大法宝"法律数据库法律法规检索系统所收录的地方性法规、规章的情况来看，截至 2020 年 5 月 7 日，共有"现行有效"的地方性法规 30805 篇、地方政府规章 28585 篇、地

---

[1]　周旺生：《关于地方立法的几个理论问题》，《行政法学研究》1994 年第 4 期。

方规范性文件538470篇、地方司法文件6299篇、地方工作文件888600篇、行政许可批复417743件。其中，地方性法规包含省级地方性法规17828篇、设区的市地方性法规10070篇、经济特区法规1184篇、自治条例和单行条例1723篇。检索情况如图1-4所示。

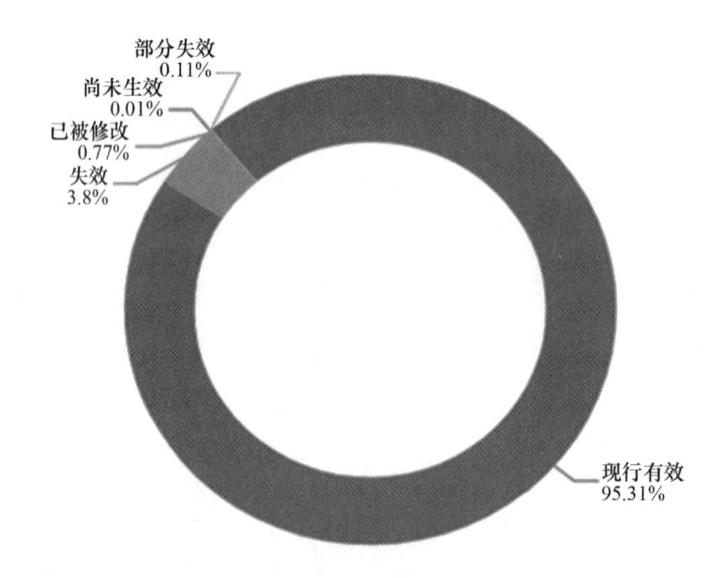

图1-3 地方性法规的时效性

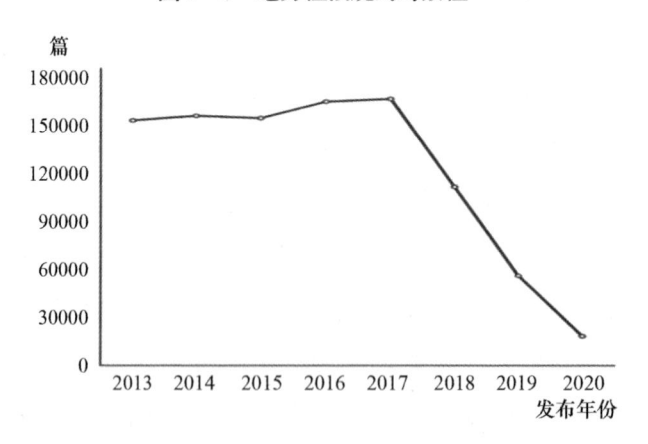

图1-4 2013—2020年发布的地方性法规数量

然而，在有些地区或某些领域，地方立法在数量上的提升，并未引起立法质量的飞跃。地方立法违反上位法规定、对上位法照搬照抄、忽略地方实际需求、地方利益保护等现象时有发生，不仅造成了立法资源的浪费，还对整个国家的法律体系产生了负面影响。[①] 2000 年，《立法法》的颁布，对这一不良现象产生了一定的纠正作用。2015 年地方立法主体的扩容，让更多的地方有权根据自身实际情况进行必要的地方立法。[②] 地方立法在地方立法规范体系中的作用，愈加明显。

一 地方立法的理论内涵与类别

妥善处理中央与地方的关系，是全面深化改革所面临的重大课题。明确中央和地方的角色分工，建立中央治理和地方治理的合作机制，中国治理体系才能得以完善，才能为中国治理能力现代化奠定稳固的秩序基础。"在某种意义上，地方由于真切感受到民众压力而在治理实效方面作出种种努力，将构成推动中国国家治理现代化的最直接动因。"[③] 为实现地方治理的规范有序，国家应适度放权让地方因地制宜地探索本地化治理模式，调整立法权的纵向配置便是其中的一项重要举措。

2015 年，中国修改后的《立法法》将地方立法权主体扩容至所有设区的市，以满足全面深化改革时期地方治理法治化的制度需求。2019 年 7 月，习近平总书记对地方立法工作作出重要指示："在维护国家法制统一的前提下，鼓励地方立法创新发展。"创新性

[①] 参见阮荣祥主编《地方立法的理论与实践》，社会科学文献出版社 2008 年版，第 3—4 页。

[②] 参见马英娟《地方立法主体扩容：现实需求与面临挑战》，《上海师范大学学报》2015 年第 3 期。

[③] 封丽霞：《国家治理转型的纵向维度——基于央地关系改革的法治化视角》，《东方法学》2020 年第 2 期。

立法是地方立法的特有概念，指的是地方立法主体根据地方实际情况和发展需求，在地方立法权限范围内，运用自主立法权在上位法没有规定或者不存在上位法的情况下，进行创制性立法活动的总称。

根据中国《立法法》第73条的规定，以立法事项为标准可将地方性法规划分为三种类型：一是细化操作型立法，即法律、行政法规已对此类立法事项作出一般性规定，考虑到地方差异的客观存在，地方立法主体要立足本地区的实际情况细化上位法的有关规定，让上位法在本地区落到实处；二是赋权确认型立法，即上位法对某些地方特色立法事项缺少制度供给，地方自主创造新的法规予以补充，通过赋予或确认相关主体的权利（权力），明确利益相关方之间的法律关系；三是漏洞填补型立法，即在国家层面立法尚付阙如的情况下，地方发挥立法"试验田"的作用，探索立法，总结立法经验，先行先试，填补立法空白。[1] 一般而言，"凡是地方立法按照地方实际情况制定出来的地方性法规，一定是同上位法一致但不一样的新的法律规范……理想的地方立法都是应当具备'地方特色'的，都属于地方立法创新的结果"。[2] 但本书所讲的地方创新性立法采取的是狭义解释，根据前文关于地方创新性立法的定义，细化操作型立法是在上位法限定的框架内开展立法活动，本质上是对上位法的重复和细化。因而该种类型的立法不属于本书所探讨的地方创新性立法范围，本书研究的对象主要是赋权确认型立法和漏洞填补型立法。

赋权确认型立法与漏洞填补型立法，都是因上位法无法满足地方治理的制度需求，地方立法机关根据本地实际情况进行补充立

---

[1] 俞祺：《地方立法适用中的上位法依赖与实用性考量》，《法学家》2017年第6期。
[2] 汤善鹏：《地方立法的生命在于创新》，《金陵法律评论》2015年第2期。

法。但二者存在本质上的不同，区别在于是否创设了新的权利（力）义务关系。赋权确认型立法并非创设了新的法律关系，而是在原有制度基础上进行了权利（力）义务的增添。以对违反规定停放车辆的行政处罚为例，中国《道路交通安全法》第93条规定对此种行为"处20元以上200元以下罚款"，《河南省道路交通安全条例》第58条则直接规定"处200元罚款"，这实际上是加大了对违法停车行为的处罚力度，增加了地方行政管理方式和权限的制度供给。漏洞填补型立法则填补现有制度的"空白"，对尚未制度化的规范经验予以法律认定，而非另辟蹊径创设行政主体或增加权利。[①] 地方立法实践中强调的"先行先试"归属于此种类型，如青岛市出台的《青岛市商品流通市场建设与管理条例》，这是中国首部规制地方商品流通的规范性文件；《无锡市民用无人驾驶航空器管理办法》，是中国首次针对无人机规范化管理的立法探索与创新。

二 地方立法的权限边界

地方立法是满足地方发展需求，实现地方治理法治化的必由之路。同时，地方发挥先行先试、立法"试验田"的作用，为国家提供了可利用的法治本土资源，有助于完善社会主义法治体系，但这并不意味着地方立法不受任何约束，立法创新不能超出合理限度。诚如有学者所言，地方立法不是钻上位法的空子，不是想尽办法规避上位法；地方立法不是为了保护地方利益设立自留地，不是将地方立法变成权力扩张的工具；地方立法不是为了政绩工程，不是将地方立法变成急功近利的万能之法。[②] 因此，地方立法要处理好以下三方面的关系：从规范性文件的内容来说，处理好立法的具体内

[①] 俞祺：《地方立法适用中的上位法依赖与实用性考量》，《法学家》2017年第6期。
[②] 汤善鹏：《地方立法的生命在于创新》，《金陵法律评论》2015年第2期。

容与上位法规定之间的关系；从立法的必要性来说，处理好必要立法与地方治理需求的关系；从立法的参与者来说，处理好立法参与主体与地方立法质量之间的关系。

(一) 地方立法的具体内容与上位法的关系

为协调法制统一和地方立法的关系，中国《立法法》第 72 条规定了"不抵触"原则，与"宪法、法律、行政法规相抵触"是地方立法的"禁区"。厘清地方立法与抵触上位法的界限，是明晰地方立法范围的基本前提。有学者认为，"抵触"是指上位法与下位法针对同一事项作出规定，而下位法与上位法的规定内容不一致，下位法的规定违背了上位法的立法精神与原则。[1] 需要强调的是，不违背上位法的立法精神与原则是这一概念的核心内容，有学者将其称为"法意不抵触"，即"地方立法不得同上位法的立法目的、立法原则和立法价值相抵触，不得违反上位法的立法精神，限制公民、法人和其他组织的权利或者增加其义务"[2]。简言之，地方性法规与上位法的具体条文不一致，并不必然导致抵触，只有地方性法规违背了上位法的立法精神和原则才能被界定为与上位法相抵触。如《青岛市城市房屋拆迁管理条例》中有关赔偿标准规定与上位法不一致，但更加符合上位法的立法精神，更有利于保护被拆迁户合法权益，因而不被认为抵触上位法。[3]

(二) 必要立法与地方治理需求的关系

目前，多数地方立法主体尚未积累丰富的立法经验，地方立法普遍存在立项选择不科学，偏离社会公众的立法诉求；法案内容缺少针对性，规定过于原则，也不利于具体执行等问题。如果所立之

---

[1] 胡建淼:《法律规范之间抵触标准研究》，《中国法学》2016 年第 3 期。
[2] 牛振宇:《地方立法创新空间探析——以"不抵触"原则的解读为视角》，《地方立法研究》2017 年第 6 期。
[3] 刘雁鹏:《地方立法抵触标准的反思与判定》，《北京社会科学》2017 年第 3 期。

法不是地方治理所需，就违背了立法的必要性原则。地方立法权的有效运用，关键在于地方立法主体结合当地发展策略，妥善处理地方事务和解决地方问题。要警惕地方立法陷入法律万能论的"怪圈"，要着眼于本地的实际情况，在"不抵触、有特色、可操作"原则的指引下，用地方立法解决地方问题，切实提高地方治理的法治化水平。

（三）立法参与主体与地方立法质量之间的关系

地方立法是对上位法的变通，或是对国家立法空白的填充，相对于细化操作型立法，地方立法更需注重立法的公众参与。公众参与是指："公共权力在作出立法、制定公共政策、决定公共事务或进行公共治理时，由公共权力机构通过开放的途径从公众和利害相关的个人或组织获取信息，听取意见，并通过反馈互动对公共决策和治理行为产生影响的各种行为。"[1] 在地方立法过程中，应当拓宽公众参与立法的渠道，尤其注重专家、学者和社会团体力量的发挥，使地方立法凝聚公众智慧。因此，地方立法机关应当尊重社会公众提出的立法建议，通过组织立项前期的民意调研、立法听证会、立法座谈会、立法论证会等多种方式，使社会公众能够平等表达意见，立法机关对公众意见也要及时予以反馈。

三 从社会经验到地方立法

任何一个国家在其法律体系逐渐形成、逐渐发展的过程中，总会凝结出特定的规范体系发展规则，这样的规则本身并不具有固定的模式，不同国家的规则和形式也会有较大的区别。但毫无疑问，这样的或显性、或隐性的惯常规则，必定是人类智慧长期积淀的产

---

[1] 蔡定剑：《公众参与及其在中国的发展》，《团结》2009 年第 4 期。

物,并且也一直随着国家的发展而不断变化着。[①] 地方立法与这样的惯常规则不完全一致,因为前述惯常规则通常是在实践中产生的集体性智慧,而地方立法更多地体现为一种由精英进行的理性立法。换言之,地方立法更加关注如何将前述惯常规则逐步引入地方理性立法的体系中,进而实现现代法治秩序与传统礼治秩序的结合。

然而,在立法实务中,如何将地方立法的目标落到实处,使地方立法实现其应有之义,则是立法工作者所面临的重要难题。立法机关在地方立法过程中,既要处理好地方立法与上位法的关系,也要处理好地方立法所面临的地方特殊性问题。在处理与上位法的关系时,地方立法既要遵循上位法的基本原则,不能与上位法的规定相悖,又不能对上位法进行照搬照抄,否则有违地方立法的根本目标。在处理地方特殊性问题时,地方立法要从地方实际出发,既要保证立法措施的针对性,也要保证立法规范的可实施性。可以说,在某种程度上,地方立法可以理解为中央立法在地方上所进行的变通。在此过程中,地方立法也会受到相应的约束。这些约束条件,是地方立法机关必须深入研究的关键问题。

(一)地方立法与社会经验的协调与融合

社会经验是地方立法的重要基础,但地方立法绝非社会经验的文字化。地方立法是一项系统性工程,应当以社会经验为切入点,并进行充分的实践调研、基层考察等。社会与法律之间,是一种相互影响、相互作用的关系。社会是法律产生与发展的土壤,没有社会作为根基,法律也就无从谈起;同时,法律也会在其运行框架

[①] 江国华:《立法现象及其类型化研究》,载《公法评论》第4卷,北京大学出版社2007年版,第94—95页。

内，为社会的发展提供保障，甚至产生变革性影响。[1] 社会经验起源于传统的礼治社会，具有明显的主观色彩，以社会经验为基础的规则制度也极易受到人们主观心态的影响。但是，地方立法的目的之一，便是在现代法治秩序的框架内，避免让法律受到主观色彩的影响。因此，地方立法机关在立法过程中，应当尽量避免个体主观色彩对整个立法过程和立法模式的干预。不可否认，即使是现代意义上的地方立法，法律也不可能完全摆脱人的主观道德意志。[2] 因为法律由立法者制定，则必然会反映出立法者对法律的态度和需求。但法律又是绝对性与相对性的统一，所以，地方立法机关在立法过程中，更应当关注地方立法与社会经验的协调与融合，力争寻找地方立法的客观性与社会经验的主观性之间的平衡点，做到客观性与主观性的有机结合，如此才能让地方立法充分发挥其本真作用，在中央立法与地方特殊性问题处理之间，承担起桥梁的作用。

（二）地方立法要充分回应地方社会现实需求

将社会经验上升为地方立法，实质上正是对地方社会现实需求的积极回应。中国疆域辽阔，不同地区的风土民情各异，彼此的经济基础、社会构成等也存在较大的区别。基于此，各地在多年间的发展中所形成的社会经验，也有着本质的差异。中国古代社会中的法治，对于经验、道德等因素有较高的要求。通过对经验和道德的运用，执法者通常也能够处理好相应的社会问题，即使社会出现了新的发展动向，社会经验也能够因之而迅速产生变化。因此，毋庸置疑，社会经验就是地方社会现实需求的直接反映。

地方立法同样也需要直接回应地方社会的现实需求。地方立法在中央立法与地方实际问题中，承担着沟通性的角色。地方立法的

---

[1] 孙笑侠主编：《法理学》，清华大学出版社2008年版，第231页。
[2] 陈金钊主编：《法理学》，北京大学出版社2010年版，第246页。

第一要义，在于面向社会的现实需求，将中央立法的各项规定落到实处。但目前，部分地方立法机关罔顾地方立法的目的，忽视地方社会的现实需求，对中央立法进行照搬照抄，或者对其他地区的相似立法直接奉行"拿来主义"，造成了立法资源的严重浪费。可见，将社会经验上升为地方立法，正是对社会现实需求的积极回应，这也是地方立法的应有之义。

（三）地方立法要重点关注法律的可操作性

地方立法是在社会现实需求的基础上，对社会经验的理性升华。但是，尽管地方立法以法律条文的形式得以呈现，但体系完善仅仅是地方立法的第一步，脱胎于社会经验的地方立法究竟能否在社会中取得应有的法律效果，换言之，地方立法是否具有可操作性，也是地方立法机关必须考虑的要点。在中央立法未作明确规定的前提下，地方立法可以针对地方特殊问题作出必要的规定。但是，这也就意味着，相当数量的地方立法，缺少中央立法的指引和其他地区的立法参照。这样的地方立法结果，其社会效果如何，很难作出简单的判定。恰如治理体系和治理能力的关系，地方立法体系的完善是提升地方治理能力的基础，反过来，地方治理能力的提升也有助于地方治理体系的进一步完善。地方立法及地方立法的实践效果同样如此。地方立法的发展，有助于将地方立法落到实处，充分展示地方立法的效果；同时，地方立法的可操作性带来的良好社会效果，也会进一步推进地方立法体系的发展与完善。

第三节　民间规范是地方立法的重要资料

《礼记·王制》有云："凡居民材，必因天地寒暖燥湿，广谷大川异制。民生其间者异俗，刚柔轻重迟速异齐，五味异和，器械异制，衣服异宜。修其教，不易其俗；齐其政，不易其宜。中国戎夷，五方之民，皆有其性也，不可推移。"从古时起，中国境内各族人民便依据自身所处环境的自然地理条件、气候条件、生态条件，在不断地生存适应、生产活动中传承了自己的风俗习惯和地方文化。这种多样性、多元化的格局，体现在自然的选择和各地区人民智慧的结晶上，表现在社会规范上，就是各类民间规范。

一 民间规范是多元共治法治化的基础规范

作为地方立法的重要参考资料，民间规范的法律价值不言自明。作为发源于传统礼治社会的法律规则，民间规范是构建多元共治规范体系的重点，也能够有效弥补地方立法的不足。同时，民间规范也属于探索本土法治道路的经验规范，对于地方立法能够起到重要的方向性指引作用。

（一）建构多元共治规范体系的重点

国家法治、政府法治、社会法治，都要实现理性之治、规则之治。法治国家建设、法治政府建设、法治社会建设，都需要法的规范。[①] 法治社会是与法治国家相并列的概念，法治国家要求国家执政权和行政权运行的法治化，法治社会要求社会自治组织和自治体系运转的法治化。法治社会建设，必须正确处理政府与社会、自治与共治、自由与秩序、法律与其他社会规范的关系，构建一个多层次多领域社会治理体系。建立良好的法治社会，必先有规范，而规范体系是由正式规范（法律）和非正式规范（民间规范）共同构成，多元化的制度体系是法治社会建设的重要基础。正式规范（法律）可以为国家治理确立善治目标、确定治理范围、确定治理主体

---

① 韩春晖：《社会主义法治体系中的软法之治》，《国家行政学院学报》2015 年第 1 期。

及其行为模式，设定治理责任及其追究机制。① "国家的法律由于其作为人类社会唯一真正的法这一被人们确信不疑的本质，被正统法学简单地不加任何修饰词加以限制地称作'法'。当人们发现另外的法律体系与'法'一起起作用，无论它们是相互和谐还是相互冲突，这时，法律多元的概念就出现了。"② 在实现法治社会进程中，应从"立法主导主义"走向"法律多元主义"，厘清民间规范与国家法各自的作用领域与作用范畴。③ "法律多元主义"是法社会学中的重要观念，主张除了国家法以外，社会组织的行为规则也属于法的范畴。社会生活的多样性要求法的渊源多元化。社会规范是广泛存在于社会生活的各个领域，规范人与人之间的社会关系和社会行为的准则。依调整内容和方式不同，可分为政治规范、法律规范、道德规范和宗教规范等；依效力的不同，可分为强制性规范和任意性规范；依产生的方式不同，可分为制定性规范、约定性规范和习惯性规范等。社会规范不以国家权力作为实施的保障，而是与各自所具有的社会力量直接相关联，在某些领域发挥着比法律更强的规范人们行为的实效。

民间俗语："国有国法，民有民约，家有家规。"在国家法之外的本土资源其实就是民间规范。民间规范生成于民间社会，与其生成的社会区域群体的民间生活息息相关，通过风俗、人情、礼法、习惯、道德等对该区域群体的全体成员产生拘束力。各种民间规范吸收了各种规范的积极因素，架起了各种规范良性互动的桥梁，是社会多元规范体系的重点。民间规范具有某些类法律性，被称为

---

① 罗豪才：《关于法治的混合治理模式》，《北京日报》2015年1月19日第17版。
② ［日］千叶正士：《法律多元：从日本法律文化迈向一般理论》，强世功等译，中国政法大学出版社1997年版，第2页。
③ 卫跃宁、廉睿：《中国民间法的当代价值及其应用路径》，《烟台大学学报》（哲学社会科学版）2016年第3期。

"准法律规范",它模仿法的符号、比照法的构成而制定成文。① 民间规范对于促进法治社会发育,传承乡土文化、调控乡村秩序,改善和创新社会治理等意义重大。

(二) 有效弥补法律的不足

在全面推进依法治国的今天,多元规范是客观存在的事实,不仅要关注国家法的权威性,在对法学领域的国家中心主义和形式主义法律观批判、反思基础上,还要给予民间规范必要的发展空间:首先,法律本身具有一定的局限性。法只是众多社会调整方法的一种,法的作用范围不是无限的,也并非在任何问题上都是适当的,并不能有效地干预和解决所有社会问题;法具有保守性、僵化性和限制性,法对千姿百态、不断变化的社会生活不可避免地出现规则真空,呈现出一定的滞后性;法的运作成本巨大,在实施法律所需的物质资源和法律意识不具备的情况下,法也不可能充分发挥作用。其次,国家法具有普遍性、统一性和强制性,但在中国这样一个地域辽阔、人口众多、各地区各民族经济发展不平衡的复杂多元社会中,由于多种因素制约,法律体系虽然完备,但是不可能涵盖农村生产生活的方方面面,国家法对乡村社会的调整尚有不足,基层社会还有很多方面存在立法的盲区。法律作为普遍性规则,追求的是普适的共性而难以兼顾特殊的个性,普适的法律要在乡村得到有效实施,需要发挥民间规范的长处或互补作用,把法律转化为村民可以理解和实施的规范,共同承担起构建社会秩序的责任;最后,现代法律建构在个体主义理念及财产独立之上,人与社会具有很强的分离性。民间规范是建构于社会自发秩序之上,使得村民与

---

① 汪俊英:《略论"准法规范"——村规民约建设及其重大意义》,《学习论坛》2000年第6期。

社会具有很强的结合性。① 某些社会问题完全依靠法律难以有效解决，而民间规范的这种结合性，使得其在处理地方公共事务、调解矛盾纠纷、维护治安等方面，有超越法律的实效。

国家权力的上浮、法律的缺位，为民间规范兴起提供了场域。美国人类学家罗伯特·雷德菲尔德在1956年出版的《农民社会与文化》中首次提出"大传统"与"小传统"的观点。所谓"大传统"是指知识分子、社会上层绅士所代表的精英文化，集中于城市；"小传统"是指一般社会大众，特别是乡民所代表的生活文化，散布在村落。② 民间规范与国家法的关系就是"大传统"与"小传统"的关系。国家法体现国家的利益和要求，是"大传统"文化；而乡村民间规范反映村民的利益、需求和感受，是非正式的传统规范，是"小传统"文化。民间规范扮演着基层"准法律"的角色，它能够弥补国家立法之不足，使国家立法涵盖不到的基层实行规范化管理，使管理工作真正实现有"法"可依。民间规范接地气，有较长的历史传统，有深厚的社会基础，有较强的生命力，在生产和生活实践中，村民从情感上更加倾向民间规范，乡村生活也更多地适用民间规范。

相对于国家法而言，民间规范有针对性、实用性和适应性，更容易被认同。"知屋漏者在宇下，知政失者在草野"，法律法规针对普遍性问题，而民间规范针对地域性特殊问题，与村民们日常生活息息相关，对乡村社会治理具有更好的适应性。作为社会治理的途径之一，民间规范往往能够填补法律的不足，法律"照顾不到的方面"，往往就要依靠民间规范等社会规范的支持。在乡村，为了人

---

① 龙圣：《"乡规民约与乡土社区建设论坛"综述》，《民俗研究》2014年第4期。
② 黄兴华：《新型农村社区道德建设中主体自觉的张扬》，《山西师大学报》（社会科学版）2013年第4期。

人安分守己、生产安定、生活不受干扰，经村里群众讨论，意见一致，就制定出一些合乎实际的民间规范，这对于维护农村社区的生产发展和社会秩序都有积极意义。民间规范虽不是官方颁布的具有强制性的法律，但都符合当地的民俗和乡情。国家法在乡村社会的缺位或错位，是民间规范存在的重要基础。①

（三）探索本土法治道路的经验规范

法治是人类社会的共同理想和共同追求，是治国理政和社会治理的主要方式。放眼百余年，纵观中国近代史，为抵御外侮实现自强自立，中国人将学习西方，变法图强作为不二之选，法治也因此由西方舶来。然而，法治的发展并不像人们预期的那样顺利。中国传统法文化中不存在西方意义上的"法治"，今天的"法治建设"也不是西方意义上的"法治"。如果离开中国的习惯、道德和传统，仅仅以追随西方制度制定的成文法为蓝本的法治，其实是一种"法治"的专政。② 中国传统社会人治色彩浓厚，要成为现代化国家，必须实现由人治向法治的全面转变。由于国情、社会和传统的迥异，全面依法治国要走出一条中国的道路，既不能照搬西方那一套法律制度和法律体系，更不能移植西方的法治模式和法治体系，而是要探寻一条民族的法治化道路。法治现代化没有标准的模式，主要看是否适合国情，与国情最适合就是最现代化的。其评价的标准主要是看是否有利于促进人民的福祉、是否有利于国家的发展和整个社会的和谐。基层因其复杂的现实，法治理念的培育和实践不会一蹴而就。在法治建设过程中，要尊重、认可、采纳其有利于基层社会治理的内容，使其成为法治建设的有益补充。法治现代化不是

---

① 曹锦清：《黄河边的中国个学者对乡村社会的观察与思考》，上海文艺出版社2000年版，第675页。

② 王帅一：《法律多元视角下乡规民约的嬗变》，《云南大学学报》（法学版）2011年第1期。

一味地应用法律进行一体化或"格式化"变革,而是要与本土制度资源相互借鉴,各取所长,孕育出中国本土化法治之路。法治在基层的实现途径和方式需要考虑基层社会的"乡土性",早期费孝通先生和梁漱溟先生分别指出农村的"差序格局""伦理本位"特征,血缘与地缘文化构织了中国乡村社会,浓厚的乡土气息与伦理传统使农村与城市处于迥然不同的乡民社会与市民社会,而民间规范就是特定乡村环境中生成的法律秩序与伦理生活。民间规范具有资源整合、道德教化、制度规范的价值,重视民间规范在传统与现代接替和转型中的重要作用,可以丰富法治理念,拓宽法治视野,更好地在基层社会推行法治,实践法治,达到民间规范、法律等多种方式各归其位、各行其道、良性互动,从而综合运用多种方式实现社会治理的有序运行和有效治理。①

二 民间规范是地方立法的重要补充

文化是民族的灵魂和血脉,是民众的精神家园,任何国家的崛起,都必须注意到本国文化的特性。特别是大国的崛起,更应当充分注意到本土文化的复杂性和多样性,以适应多元化的社会发展需要。中国目前有设区的市有 300 余个。这 300 多个设区的市的形成,都有其自身共同的历史传承,具有文化方面的共通性和历史方面的继承性。② 相同的文化背景,容易生成具有地方性特色的风俗习惯。因而地域的差异性,在深层方面意味着文化的差异性,而在表层次方面却以不同的风俗习惯体现出来。在文化差异较大的国度或者在地域性传统较多的国度,其在立法过程当中就应当考虑到地

---

① 陈永蓉:《国家治理现代化背景下的村规民约研究》,博士学位论文,华中师范大学,2017 年。

② 彭中礼、王亮:《论地方立法中的民间规范》,《湖湘论坛》2018 年第 1 期。

区的差异性，进而需要充分吸收民间规范。

第一，从功能上看，民间规范在现实生活中发挥事实上的规范功能，深刻影响现实中人们的权利义务分配。通过地方立法实现地方治理，完善基于法治的地方治理结构，这也是党和国家治理体系和治理能力现代化的重要展现。[1] 民间规范是存在于人们之间的能够对参与各种交往或者活动的人们的行为进行规范的规则形式。虽然民间规范不是现代意义上的法律，但是在事实中却能够成为有效规制人们行为的重要方式。即使在一些法治看似发达的国家，民间规范也往往能够成为社会控制的重要规范之一，只不过是我们要通过法治的眼光来认真对待民间规范。比如著名学者埃里克森在考察美国夏斯塔县牧民的交往行为规则的时候，曾经深刻地指出，民间规范具有福利最大化的优点。一个群体越是关系紧密，就越能够产生在群体内部有效的、统管内部争议的规范。如果国家法律对这些民间规范过多地忽视，而不断地制定更多的法律，那么就有可能出现法律更多而秩序更少的情形。[2] 埃里克森的目的虽然是通过研究夏斯塔县牧民如何在功利原则的参与下实现基于民间规范的自治，但是对于我们的地方立法而言，却具有十分重要的指导意义。我们设区的市地方立法不仅仅只是制定一部管制人们的法律，更大程度上说是要制定一部实现社会有效治理的法律。从管制到治理，既是理念的转变，也需要法律规则的充分变化。实际上，在我们的现实生活中，每个地域确实存在有一定特色的民间规范资源，比如一些地方的赔命价习惯、顶盆继承习惯、彩礼习惯等等。它们虽然没有直接被法律认可，但是却又事实上在约束当事人之间的权利义务。

---

[1] 钱锦：《法治视野中的现代国家治理：目标定位与智识资源》，《西北大学学报》2016年第6期。

[2] Robert C. Ellickson, *Order Without Law: How Neighbors Settle Disputes*, MA: Harvard University Press, 1991, p. 350.

因此，当我们注意到了民间规范的规范作用，并仔细研究每个设区的市地方立法需要关注的本区域范围内的民间规范，有助于打破传统的"法律中心主义"和"本本主义"思维，把人们对社会治理结构的认识提高到立体的、动态的和更为丰富多彩的层面。

第二，从运行来看，民间规范在社会结构调整过程当中充当了"活法"，简化了民众的交往成本。著名的法社会学家埃利希曾指出，法律发展的重心不是国家的制定法，国家制定法是不可能将法律引向完善的。换句话说，国家制定法必定是来源于社会生活的，并在复杂的社会生活当中实现国家制定法的凝练。如果国家制定法排斥了现实生活，那么在生活中交往的人们必定会抛弃国家制定法。已有较多的案例表明，当制定法违背了民间规范的时候，制定法注定被抛弃。比如1920年美国宪法第18修正案规定，凡是制造、售卖或者运输酒精度超过0.5%的饮料都属于违法行为。而且，个人只能在自己家里喝酒，而不能聚众喝酒，否则可能面临罚款或者判处监禁。美国之所以酝酿并颁布第18修正案，根本目的在于根除酗酒行为，引导人们过上不喝酒的"幸福生活"。然而，事与愿违，第18修正案不仅没有消除酗酒行为，相反，还导致了酗酒行为愈演愈烈，而且以地下贩酒为业的黑社会团体大量滋生，进而引起人们对禁酒法令的评判。第18修正案颁布不久，就处于事实上的"瘫痪"状态。1933年，该法令在人们的一片呼声中"寿终正寝"。后来，有人反思该法案，认为与人们日常习惯相悖的法案，哪怕出发点再好，也难以获得人们的支持。法律必须来源于生活，而生活又在滋养民间规范，因而让法律吸收民间规范，就是一种有效的法律资源路径。而民间规范，就是埃利希所说的"活法"。埃利希说："活法不是在法条中确定的法，而是支配生活本身的法。这种法的认识来源首先是现代的法律文件，其次是对生活、商业、习惯和惯例以及所有联合体的切身观察，这些事项既可能是法律所认可的,也可能是法律所忽视和疏忽的,甚至是法律所反对的。"[1] 这些规则之所以是"活法",是因为它们不需要国家强制力的介入就能够在民众当中流行,而且能够获得民众的普遍认可。这些民间规范也许没有用明确的语言文字表达出来,但是执行上的效力不弱于甚至优于成文法。民众通过这些约定俗成的民间规范行为,大大节省了交往成本,提高了交往效率,在一定程度上也稳定了社会秩序。正因为它们以无比的活力激活了社会中交往着的行为,成为活跃社会关系、繁荣商业经济的重要规则要素。

第三,从技术来看,法律作为强制性规范,必须能够入乡随俗,因而必须充分与本土资源文化相契合。法律规则虽然在人类社会当中非常普遍,但是不同的地方却有不同的表现特征,有学者将这种特征描述为法律的"地方性"。比如布罗利(Nicholas Blomley)说,在法学理论或者法律实践当中,隐藏着一些地方性叙事的主张,它们贯穿在政治、经济和社会生活当中。或者说,从历史上来看,法律的形成与形式都与特定的历史密切相关,也与特定的地方与区域密切相关。[2] 孟德斯鸠说:"法律应当和国家的自然状态有关系;和寒、热、温的气候有关系;和土地的质量、形势与面积有关系;和农、猎、牧各种人民的生活方式有关系。法律应该和政治所能容忍的自由程度有关系;和居民的宗教、性癖、财富、人口、贸易、风俗、习惯相适应。最后,法律和法律之间也有关系。法律和它们的渊源,和立法者的目的,以及和作为法律建立的基础的事物的秩序也有关系。"[3] 显然,孟德斯鸠十分注重法律的地方性。所有

---

[1] [奥]欧根·埃利希:《法社会学原理》,舒国滢译,中国大百科全书出版社2008年版,第545页。

[2] Nicholas Blomley, *Law, Space, and the Geographies of Power*, New York: The Guilford Press, 1994, p. xi.

[3] [法]孟德斯鸠:《论法的精神》(上册),张雁深译,商务印书馆1997年版,第7页。

的法律，如果脱离了特定地区的生活环境（包括气候、生活方式、温度、人口等等），则难以成为非常恰当的规范形式。马嘎特·戴维斯（Margaret Davies）也说，在法律的实践活动中，不同层次的人、行为主体等都发挥不同的作用，比如警察的执法活动、受害者的被侵权、法院的庭审事件、个人的家庭境遇、法学院的知识传承、法律工作者提供的法律咨询等，都体现了法律的地方性话语特征。人们观察法律的运行，不可能脱离了这些地方性话语特征而单独存在。[①] 因此，我们的法律授予设区的市以立法权，从立法意义上来说，就是要充分发挥地方立法的特殊性，因人立法、因地立法。作为一个社会中的人存在，既存在可供提取的"公约数"，即在行为规范和道德理念方面有诸多相通之处；但是，每个社会中的人会基于各种因素的影响而有自身的规则特色。因而，不管是从理论上说，还是从实践上说，赋予设区的市以立法权就是从路径上保证法律具有普遍性的基础上，又不扼杀法律的"地方性"。与此同时，也要看到，随着经济社会的发展和文明的不断进步，可能存在一些与时代格格不入的民间规范，必须予以排斥和扬弃，这也是设区的市在行使地方立法权时必须注意到的问题。

三 地方立法应当洞察民间规范的资源形态

"遵循已经变成习俗的东西乃是所有行为、最后则是所有社会行动的重要组成部分。如果把习俗变成法定义务而实际上并没有增加习俗的效能，甚至与习俗背道而驰，那么法律强制在试图影响实际行动时往往就会徒劳无功。"[②] 法律源于人们的规范需要，因而法

[①] Margaret Davies, *Asking The Law Question*, the Law Book Company Ltd, 1994, p. 228.
[②] ［德］马克斯·韦伯：《经济与社会》第1卷，阎克文译，上海人民出版社2009年版，第438页。

律是社会结构化的产物。在国家治理过程当中，民间规范为地方性秩序的现实性、正当性和实效性提供一种必要的规范支持。因此，地方立法过程当中必须仔细分析民间规范的形态，有针对性地分析应当吸收的民间规范和可能排斥的民间规范。或者说，在设区的市行使地方立法权之时，必须对民间规范资源进行必要的分类，从而进行调研和收集资料，为立法权的有效行使奠定基础。目前，从理论上说，民间规范资源可以从以下角度进行类型划分。

首先，从民间规范的历时性类型来看，主要表现为三种：基于传统的民间规范、基于法律而产生的民间规范和基于新型社会现象而产生的民间规范。[①] 在设区的市的立法中，必须注意到不同的民间规范应当有不同的立法态度。

第一，基于传统的民间规范，是其历史传统和风俗习惯的延续，是设区的市的立法活动须着重考虑的类型。"一个社会无论其发展变化是多么迅速，它总是无法摆脱与过去的纽带关系，也不可能与过去的历史完全断裂。社会的今天与昨天的历史联系是客观存在的，并且是社会本质属性的一种体现，它不是凭一道法令就可以任意地创设或中断的，一个社会如果不在某种哪怕最小程度上保持与过去的纽带联系，就不成其为社会。"[②] 中国历史悠久，各地都有自己的特色文化和传统习俗，其中有些规范在人们的日常交往过程当中发挥着十分重要的作用，但可能也有一些民间规范与时代发展理念不符，需要革故鼎新、弘扬新风貌，此时需要立法过程当中充分思辨，使得地方立法对民间规范的吸收或者排斥都能够适得其所。比如，农村男女相亲之时，如果男女方都觉得满意，都会由男方缴纳一定数量的金钱作为"见面礼"。那么"见面礼"的法律性

[①] 彭中礼、王亮：《论地方立法中的民间规范》，《湖湘论坛》2018 年第 1 期。
[②] 公丕祥主编：《法理学》，复旦大学出版社 2002 年版，第 562—563 页。

质是什么？目前尚没有法律对此有过回答。根据湖南邵阳地区的习惯，"见面礼"是进入婚姻的一个前置条件，如果婚姻关系缔结，则"见面礼"最终由女方家收取；但是如果婚姻不能缔结，则"见面礼"退回给男方。"见面礼"不同于"彩礼"，"彩礼"是男方向女方家提亲的时候给予的一定数量的金钱；如果婚姻关系缔结，则彩礼可能退回，也可能由女方家收取；但是如果婚姻关系不缔结，则彩礼一般要求全部退回。更值得思考的是，如果"彩礼"退回给男方之后，是属于夫妻共同财产还是属于女方的婚前财产，也存在一定程度的争议。"见面礼"和"彩礼"均为历史传统的延续，但因人的认识不同，往往容易发生争端，那么设区的市在行使地方立法权之时，就可以进一步地对该规定予以相应的法律规定，从而减少由"见面礼"和"彩礼"这些民间习俗所带来的法律纠纷。

第二，基于法律而产生的民间规范，是法律在地方运行过程中产生的变通性做法，是地方立法必须注意警惕的形态。国家法律在执行和实施过程当中，可能会有被规避而形成所谓的民间规范，此时地方立法可以根据权限范围予以弥补；当然，如果基于法律产生的民间规范符合正义观念和时代需要，那么地方立法也应当根据权限范围予以充分尊重，从而使之合法化。但是，实践中往往出现一些两难的选择。早在 20 年前，苏力教授在《法治及其本土资源》中论及法律规避之时，就讲到过一个案例：男方因爱慕女方，乘机将其强奸。后来，男方下聘礼将女方娶回家，结成美好姻缘。但是过了不久，此事被政府得知，将男方以强奸罪逮捕而判刑。[①] 苏力教授以"法律多元"为解释路径，试图将一个涉及国家强行法问题的法律案件转化为一个可以规范多元的问题，这是值得思考的。在

---

① 苏力：《法治及其本土资源》，中国政法大学出版社 2004 年版，第 146 页。

涉及强行法时，进行法律规避是绝对不允许的，当然可以将"结婚"视为量刑的一个考量因素，而不能由此从理论上认可当事人之间的法律规避符合法治。所以，地方立法也不能违背中央立法，要对违背国家法律而产生的一些民间规范给予抵制和抛弃。

第三，基于新型社会现象而产生的民间规范，即指刚产生不久的，但又可能被人们暂时接纳的规范，这是地方立法应当重视，但是可以适当弹性规制的形态。新型社会现象可能是一阵风，但也可能长久存在，地方立法应当密切关注这种新型民间规范，凡不与法律和普遍正义观念相违背，则可以实行"立法沉默"，让其自行发展；但如果可能违法或者带来社会危害，则地方立法应当作出有效回应。比如，网络已经成为我们日常生活的重要组成部分，很多人通过网络媒体注册之时，都注册了网名，很少用实名。那么，网名是否应该受到保护，是否也有名誉权、荣誉权等相关权利？是否与网名拥有者的真名一样承担特指功能？2012年，某网络名人和一位署名rushiwolai×××的微博作者，因其诗歌是否合乎格律而产生口舌之争。在争论过程当中，该网络名人对rushiwolai×××进行辱骂，由此引发诉讼。2013年4月28日，北京市海淀区人民法院作出一审判决，原则性地支持原告rushiwolai×××的诉讼请求。作为在网络世界通行的网名，是否就像身份证上的真名一样，成为法律上具备诉权主体的载体形式？这样的法律问题非常复杂，但是不可否认的是，基于网络产生的"网络习惯"已经越来越多，这也是地方立法应当关注的问题。

其次，从民间规范的共时性类型来看，可以分为社会管理型民间规范与日常交往型民间规范，二者都是地方立法必须关注的民间规范形式。[1]

---

[1] 彭中礼、王亮：《论地方立法中的民间规范》，《湖湘论坛》2018年第1期。

第一，地方立法应当密切关注社会管理型民间规范。特定的社会存在，必须建构在于特定的社会秩序上；而特定社会秩序存在，必须有有效的社会管理措施、制度和方式方法。社会管理服务于社会整合的目的，是社会秩序的有效进路。在人类社会管理经验基础之上，人们发现，不仅仅法律规则能够起到有效作用，法律之外的民间规范也能够成为治理社会的有效规则。徐晓光教授曾在贵州进行调查时发现："在我们对苗族传统习惯法进行调查时，几乎所有的苗族村寨都有对一些严重违反习惯规范的行为施以罚3个100（或3个120等）的惩罚，而且这些传统惩罚习惯，近年来还堂而皇之地被写进了村民民主订立的'村规民约'之中，可见，即使是20世纪90年代后的村规民约也部分反映传统习惯法的内容。"① 罚3个100（或3个120等）是苗族等区域自我管理的重要手段和有效形式。因此，设区的市在进行立法时，必须充分考虑本区域社会管理形成的民间规范，特别是要关注社会管理中形成的民间规范，赋予其相应的法律地位。这是因为社会管理，不仅是解决既有社会问题的抓手，而且也是加强政权建设的重要路径。因此，通过实证研究，深入发现、透彻理解社会管理型民间规范，将成为设区的市立法的重要内容。

第二，日常交往型民间规范是设区的市立法必须重点关注的内容。公共交往不仅依赖于法律，也依赖于民间规范。如果把人们交往的秩序分为正式秩序和非正式秩序的话，那么，正式秩序所表达的基本上是以法律为核心构筑的主体交往体系；而非正式秩序所表达的基本上是以民间规范为核心所构筑的主体交往体系。人们不仅会在稳定的社会结构中形成特定的公共交往型民间规范，也会在快

---

① 徐晓光：《从苗族"罚3个100"等看习惯法在村寨社会的功能》，《山东大学学报》2005年第3期。

速的社会流动过程当中形成特定的公共交往型民间规范,这将成为人际交往秩序的有力规范补充。在地域特定的范围之内,人际交往组成人员相对稳定,为降低交往成本必然产生交往型的民间规范,这应当成为设区的市立法关注的重点。比如,在中国有许多地方的红白喜事都喜欢操办酒席,主人邀请客人喝红白喜事酒,客人都会有随礼或者给"份子钱"的习惯。在少数地方,人们不仅喜欢办酒席,而且"份子钱"还比较多,因而出现了一些工薪人员"一个月的工资还交不起一个月的'份子钱'"的情况。从法理上说,交不交"份子钱"以及交多少"份子钱"似乎是个人的自由权利。然而,如果将"份子钱"这种风俗习惯置于人际交往当中,就可以发现,"份子钱"不仅关乎面子,而且也是维系交往的重要媒介。面对"份子钱"的困扰,曾有一些地方政府通过发红头文件的方式禁止收取。实际上,通过地方立法完全可以解决这一交往习惯问题。[①]

第四节 民间规范存在的基础及价值

国家法在中国的法治社会中占据主要地位,而民间规范能够得到长期认可和普遍适用,并且吸引了众多学者进行研究,引发学界研究热潮,其根本原因在于民间规范有着重要的自身价值,在社会治理中发挥着独特的作用,从而无法完全被国家法取代,两者间共同的存在基础使得民间规范与国家法相辅相成,在不断的发展中焕发出新的活力。

---

① 彭中礼、王亮:《论地方立法中的民间规范》,《湖湘论坛》2018 年第 1 期。

一 民间规范存在的正当性基础

事物的存在因其自身的价值或是外界的需要而具有合理性，民间规范也是如此。在社会的长期发展中，民间规范得到人们的认可和实践，成为治理社会的主要依据之一，不仅弥补了法律存在的漏洞，而且为社会秩序的稳定发展贡献了自身的力量。除此之外，法律多元化的发展也影响着民间规范。以下主要从两个方面阐述民间规范存在的正当性：一是民间规范存在的理论基础，二是民间规范存在的社会基础。

（一）民间规范存在的理论基础

民间规范得以确立的前提和基础在于法律万能论被打破，法律多元可以解释为，两种或两种以上的法律制度同时存在于一个时期，这一理论的出现改变了司法垄断的局面。梁治平教授认为即使是在当代最发达的国家，国家法也不是唯一的法律，在所谓的正式法律之外还存在大量非正式的法律。[1]

不可否认，法律的统一性为社会发展提供了制度保障，但是，不考虑具体情况的统一，仅仅片面地强调法律中心主义或国家法的中心地位，不仅不符合社会多元化的实际发展趋势，反而会滋生一定的弊端，引起人们对于法律的规避，使得法律无法发挥应有的作用，阻碍整个法治社会发展和进步。因此，法律真正的统一应该是统一性和多元性的统一，除了发挥法律的制度价值以外，还应为国家法以外的其他法律提供生存的空间，综合运用民间规范与国家法，丰富了法律的多元化，更有利于有效实施法律以及维持社会秩序的稳定。

---

[1] 参见梁治平《清代习惯法：社会与国家》，中国政法大学出版社1996年版，第32页。

中国疆域辽阔，人口众多，各地区、各民族之间文化习俗差异较大，法律不可能涉及社会的方方面面，有的领域也不适合运用国家法进行调整，正是由于国家法律在现实中的不足和缺点，使得法律多元主义得到学者的认可和支持，也为其他社会规范如民间规范弥补法律漏洞留下了空间。单一和多元并非完全对立，而是相互依存、相互补充。尊重包容民族文化和地方特色，适用各地形成的民间习俗有利于消除民众的抵触情绪，更好地解决矛盾纠纷，保障当事人的合法权益，维持社会的稳定有序。

(二) 民间规范存在的社会基础

在中国的社会发展过程中，逐渐形成了城乡二元结构模式，这为民间规范的存在提供了土壤。中国乡村地区以村为单位，各村之下以地域划分为小组，生活在同一集体的人们通常有着密切的人情往来，由此形成了与城市地区不同的生活方式和社会关系。乡村是一个典型的熟人社会，因为受到地域的影响，村民的日常生活和生产劳动大多局限在特定的范围之内，人口流动小，邻里之间互动往来，交流密切，彼此之间注重血缘关系和亲缘关系，因此在维护乡村秩序以及解决矛盾纠纷时，有着鲜明的民间特色和地方特点。民间规范是在长期的实践过程中逐步形成的，为乡村社会的稳定有序作出了重要贡献，并且不断适应社会的发展变化。在城乡二元社会的结构下，必须具体情况具体分析，不能片面强调统一适用国家法，而是因地制宜，把地方立法的引导作用和民间规范的补充作用结合起来，不断促进城乡社会的和谐发展。

实现实质正义和形式正义的统一，是中国法治建设追求的目标之一，而民间规范可以保障实质正义的实现。司法工作者将案件孤立出来，机械地适用法律，呆板地理解法律条文，看似是"以法律为准绳"，但实际上并不利于实现社会的实质正义。公平正义的真正实现要求法律工作者不仅要遵守法律的规定，更要将案件放到特定的、具体的社会环境中，适当考虑社会人情，体会人民情感，并且针对不同问题进行分析，最终作出兼顾法理和情理的判决。首先，民间规范产生于人们的日常生活，是人们在长期的社会活动中总结出来的经验，并在不断的实践过程中达成共识。民间规范凝结着人们的智慧，是一部有温度的法律，能在兼顾情理的基础之上维护社会秩序的稳定。最为典型的就是调解制度，在法律允许的范围内充分发挥了民间规范的灵活性。形式正义和实质正义如同鸟之双翼，缺一不可，两者之间的平衡离不开民间规范。法律不能涵盖社会生活的各个方面，有的领域也不适用法律进行调整，民间规范可以弥补地方立法的局限性。正如前文所述，中国地大物博，人口众多，社会关系繁杂，而地方立法的规定较为笼统，调整的范围有限，不可能面面俱到，在地方立法尚未涉及的领域，运用民间规范可以有效地解决矛盾纠纷，形成稳定的社会秩序。民间规范在弥补法律漏洞，填补法律空缺中的作用显而易见。其次，民间规范的许多内容已经被地方立法吸收。不论是传统社会，还是现代社会，无论是在西方国家，还是在东方国家，民间规范丰富了地方立法的规定，对国家制定法起着不可忽视的拾遗补阙作用。

二 民间规范的价值体现

民间规范与国家法在内容、方式、效果等方面所起作用的侧重点不同，但是作为乡土社会的重要规则，民间规范在社会治理中同样发挥着法的作用，虽然所起的作用和效果与国家法有着细微的差别，但是其功能不容忽视。民间规范的价值在某些方面与国家法律有重合之处，但是民间规范仍有自身的独特价值，地方立法存在不可避免的疏漏，民间规范填补了法律空白，在法律未涉及的领域发挥着补充作用。在司法实践中，法官有着自由裁量权，但并非随心所欲地进行裁判，除了受到法律的限制之外，法官还需考虑民间规范的内容，这样可以避免滥用司法权。① 此外，民间规范相比国家法而言，在解决矛盾纠纷时更为高效便捷，降低了当事人不满处理结果而上诉的概率，一定程度上节约了司法成本，其在某些方面发挥的价值是国家法无法比拟的。

（一）合理解释法律，填充法律空白

民间规范的重要价值之一就是填补法律空白，并对法律进行解释，法律以文字为载体，但是不同的人对同一法律用语有着不同的理解，再加上文字本身的局限性，导致了法律的不确定性。法律一经制定，不可朝令夕改，有着一定的稳定性，但是社会是不断发展变化的，法律有时会滞后于社会的发展。德沃金有一句名言，即"法律来自于解释"。由于法律必须保持一定的稳定性，其用语有着高度概括性和抽象性，必须对法律进行解释才不至于导致适用法律时过分刻板教条，但是解释法律不能仅凭简单的逻辑推理，而是必须以社会需求为基础，法官在裁判时必须同时兼顾法律效果和社会效果，不能过分强调法律规定而忽视社会实际。② 因此，在司法实践中，法官必须同样重视民间规范等社会规范的作用，作出公正的判决结果，保障当事人的合法权益。

国家法的疏漏之处需要其他规范来进行填补，同时适用国家法和民间规范可以更好地治理社会。在具体的实践中，国家法没有相关规定处理矛盾纠纷时，审判机关有两种途径可以选择，一是运用民间规范对国家法律进行合理解释，二是直接援引适用相关的民间规范。③ 将民间规范与国家法的基本原则结合起来，发挥民间规范的弥补作用，不仅可以有效化解矛盾纠纷，作出双方当事人满意的

---

① 王茜：《中国地方立法中的民间习惯》，硕士学位论文，上海师范大学，2019年。
② 龚政：《民间法司法适用的作用与价值》，《黑龙江省政法管理干部学院学报》2014年第3期。
③ 张晓萍：《论民间法的司法运用》，硕士学位论文，山东大学，2010年。

处理结果，而且还可以实现公平正义，维护司法权威。当同一内容既有国家法又有民间规范时，在不违背国家法的规定和基本原则精神的前提下，法官可以赋予当事人自由选择的权利，由当事人选择通过司法途径或是民间调解处理纠纷，民间规范在这种情况下间接发挥了弥补作用。①

（二）规范自由裁量权，防止权力滥用

法律不是完美无缺的，仍然具有滞后性、模糊性和空缺性，在这种情况下，司法工作者不能机械、被动地适用制定法，而需要积极、主动地去寻找和创造法律以外的途径，以解决无法可依的案件。例如，《法国民法典》明确规定"禁止法的沉默"。② 中国法律虽然没有这样的规定，但是在实践中也不允许因无法可依而不解决矛盾的情况存在。中国法律赋予了法官一定的自由裁量权，但并不是绝对自由地行使自由裁量权，而是受到法律基本原则和社会规范的限制。③ 这样有利于实现公平正义，保证司法权不被滥用。在法律没有明确规定时，法官无法援引法律依据进行裁判，在此种情况下，民间规范为法官解决矛盾纠纷提供了选择，同时，民间规范在一定程度上限制了法官的自由裁量权，规范了法官的裁判活动，起到了预防和抑制作用。研究适用民间规范，对裁判者了解当地风俗习惯起到了指引作用，法官在司法实践中引入民间规范进行裁判，可以增加判决的公正性，维护司法的权威性，达到良好的社会效果。

---

① 卫跃宁：《中国民间法的当代价值及其应用路径》，《烟台大学学报》2016 年第 5 期。
② 《法国民法典》第 4 条规定：法官借口没有制定法或者制定法不明确、不完备而拒绝受理案件，得以拒绝审判罪追究之。
③ 广东省高级人民法院《关于规范民商事审判自由裁量权的意见（试行）》中第 2 条规定：人民法院审理民商事案件遇有下列情形之一时，可以行使自由裁量权：一、法律明文规定由法院根据案件事实的具体情况进行裁量的；二、法律规定由法院从几种法定情形中选择其一裁量的；三、法律规定由法院在法定的范围、限度内裁量的；四、法律规定不具体或法律没有明确规定的，法院可以行使自由裁量权的其他情形。

（三）实现案结事了，促进司法和谐

民间习惯产生于特定的地域范围，以生活经验为基础，并以道德伦理为判断依据，中国农村地区目前仍然存在大量的民间习惯，除此之外，城市地区也同样存在社会习俗，对市民的行为进行引导和规范。中国传统社会中重视礼仪的作用，这种传统思想对现代社会的人们仍然有着深远影响，产生矛盾纠纷之后，人们习惯用原有的思维模式进行处理，并用道德伦理来判断是非对错。不可否认，法律在解决矛盾纠纷时发挥着重要的作用，但有时法律介入之后，使得原本可以通过民间规范轻松解决的问题陷入僵局，激发了双方的矛盾，加剧了事件的严重性，尽管在法律上已经了结案件，但某些当事人的利益诉求并未得到真正满足。《秋菊打官司》这部电影是根据真实事件改编的，所反映的正是这一社会现象，这不仅是秋菊的困惑，同时也是许多人对国家法适用的忧虑。

民间规范产生于社会生活又反作用于社会生活，对人们的行为有着巨大的影响力。民众普遍认可民间规范，并在实践中自愿选择和遵守，在司法活动中适当运用民间规范解决矛盾纠纷，能够减少阻力，达到事半功倍的效果。在裁判过程中引入民间规范，能够有效减少双方当事人的冲突和对抗，使得双方在平和的环境下友好协商，顺利解决问题，真正实现案结事了。法官在裁判活动中必须统筹考虑，兼顾各方利益，权衡利弊，同时把握法律的原则性和民间规范的灵活性，从而促进法律效果和社会效果的有机统一，实现司法和谐。

（四）高效便捷，节约司法成本

立法是一个纷繁复杂的过程，制定国家法需要组织专门的立法工作人员，严格遵守会议程序，并且经过多方的讨论和论证，这一过程投入大量的人力、物力、财力。但民间规范是自发形成的，几乎没有烦琐的程序以及制定成本。一方面，法律对于诉讼程序有着

严格的规定，例如，在民事诉讼中，当事人必须遵守提交起诉书、立案、开庭审理等多个环节的规定，这一过程加大了当事人的时间和金钱成本；另一方面，判决确定之后，有的当事人不会自觉执行，另一方当事人申请强制执行时需要国家机关保障和支撑，当判决难以执行或者案件上诉之后，也会增加司法成本。民间规范通过道德伦理约束人们的行为，出现矛盾纠纷时，双方当事人在第三人的主持下友好协商，实现当事人利益诉求的过程较为简便，处理结果也能得到各方的认可和支持，通常较为快速地了结案件，有效地节省了司法成本。

三 民间规范的识别及其特征

（一）民间规范的识别

民间规范的识别主要包括两方面的内容：一是当事人对民间规范进行证明，二是法官对民间规范进行确认。虽然司法可以通过多种途径适用民间规范，但是民间规范具有一定的局限性，因此民间规范的运用并非想象中那样简单和顺利。在司法实践中，必须先对民间规范进行识别才能保证民间规范发挥应有的作用。例如，习惯法在实践中所面临的第一个问题就是该习惯是否存在，因为习惯的存在必须通过实际行动的方式来表现。通常情况下，必须先要了解民间规范的具体内容，之后才能讨论其进入司法程序中的适用问题，如果连民间规范的基本内容都不了解，那么它的适用将无从谈起。正是因为民间规范以行动为表现方式，是某一地区在长期的社会生活中形成并得到认可的风俗习惯，法官在司法实践中并非完全了解甚至不知道民间规范的内容。如果当事人运用民间规范主张权利时，法官必须先对其进行识别和确认，在此基础上，进一步审查民间规范是否与国家法律产生冲突，从而判断是否适用民间规范。尽管有一部分民间规范已经形成文字记载，能够通过准成文的形式向法官展示它的内容，便于法官了解，但民间规范是否与国家法律产生冲突，并且能否得到法官的最终确认和适用，仍需进一步的判断。由此可见，在司法实践中，法官通过法律渊源理论提供的规则体系进行裁判，但在个案面前，这一判断规则体系开始变得模糊不清。民间规范在法律渊源理论中的概念是确定的，并有着一般性法源地位。[①] 不过，民间规范是否存在以及民间规范的具体内容仍需进一步明晰，对民间规范的识别应当遵循以下标准。

首先，民间规范必须具有实效性，这是司法实践中运用民间规范的基本前提条件。但从表面上看，民间规范在司法中得以规范运用似乎不应该以它的实效性为要求，因为民间规范是一种被人们在实践中遵守与服从的制度，它自身就依靠其实效意义而存在。但是，强调民间规范的实效意义仍有必要性，因为许多学者在研究民间规范及其司法运用时，并非从现实存在的民间规范出发，而是从历史的角度进行分析研究，那么就会导致一个问题，即以该角度为起点所研究的民间规范在当今社会是否仍然存在。

如前所述，对于法官来说，若想在司法实践中发现这种法律渊源并在此基础上得出清晰明确的法律规则并不是一件简单的事。因为有的民间规范通过文字被记录下来，能够明确地识别它的存在以及含义，但还有许多民间规范是以不成文的方式表现出来的，它们是否存在、具体内容以及能否适用都颇具争议，并没有一个明确的答案，因此，在司法实践中，不能因为在历史上曾经出现过某一民间规范就认定该规范在当今社会仍然能够发挥效用，必须对它进行识别和确认，并且制定合适的标准对民间规范的实效性进行判断。

以习惯法为例对实效性判断的标准进行研究，原因在于习惯法

---

① 胡宗亮：《民间法介入纠纷解决机制的路径——从法律渊源理论出发》，《法学方法论丛》2018年第4期。

以行动为表现方式，在各类民间规范中，它的实效性判断最为困难。尽管习惯法在实际生活中发挥着一定的规范作用，但是除了当事人之外，需要通过一定的标准才能判断它的存在。一般来说，主要可以从三个方面来判断某一习惯法是否存在，一是能否得到大部分人的认可和适用；二是能否调整当事人之间的权利义务关系；三是是否具有一定的强制力。在古罗马时期，查士丁尼在《法学总论——法学阶梯》一书中指出："古老的习惯经人们加以沿用的同意而获得效力，就等于法律。"① 可见，在当时就已经开始强调民间规范需要得到普遍认可和适用。随后，英国逐渐发展出判断民间规范实效性的标准，一是长期存在并得到普遍认可和实施；二是公众认可该规范的强制性效力。但是美国不强调民间规范存续时间的长短，只强调普遍适用性以及强制性效力。② 在民国时期，也十分强调民间规范具有人人信之以为法的内在要素以及在一定期间内就同一事项反复行为的外在要素。③ 例如，民国17年上字号判例明确阐释："习惯法之成立，须以多年惯行之事实及普通一般人之确信为基础。"④ 由此可见，民间规范的实效性来自两个方面，第一，它具有强制性，即民间规范可以通过人们的内心信仰以及外部的强化力量得以实施；第二，它具有普遍性，即民间规范得到民众的普遍认可和反复适用，成为权利义务关系的依据。

需要指出的是，民间规范的强制性和普遍性反映了一定的社会心理，如果有人不遵守民间规范的规定，不仅受害者本人会表

---

① ［罗马］查士丁尼：《法学总论——法学阶梯》，张企泰译，商务印书馆1997年版，第11页。
② ［美］博登海默：《法理学——法律哲学与法律方法》，邓正来译，中国政法大学出版社2004年版，第498页。
③ 李卫东：《民初民法中的民事习惯——与习惯法观念、文本和实践》，博士学位论文，华中师范大学，2003年。
④ 眭鸿明：《清末民初民商事习惯调查之研究》，法律出版社2005年版，第259页。

示反对,作为非受害者的第三人也会要求违反者遵守民间规范的要求,以维护它的效力和社会秩序。韦森曾经举例说明过这一问题,在英国约克郡的某个小渔村存在一种先占的习俗,即村民可以把每次暴风雨之后漂到海岸边的木头堆积起来,并放两块石头标志该木块归自己所有,两天之后,若未对该木块进行处理,则丧失所有权,别的村民就可以进行处置,在这一过程中,若是有人违反了规则,在两天之内取走了别人的木块,作为当时的所有人可以要求返还,而其他第三人也会要求违反者遵守规定,没有人知道这一规则形成于何时,但是所有的村民都遵守着这一规定。[1] 由此可见,我们可从非直接受害者的第三人的反应中窥见民间规范的实效性问题。

其次,将民间规范运用于司法程序中还必须具有合法性。主要包括两个方面,一方面是民间规范不能违背国家法律的强制性规定,必须符合国家法律的基本原则精神以及国家政策的规定。在司法实践中,法官以法律为准绳是基本原则,所以法官在运用民间规范审理案件时必须首先判断该规范是否与国家法律的基本原则以及强制性规定相冲突,在这一前提下,若是国家法律没有相关规定或者有授权性规则、任意性规则,则可以选择适用民间规范进行裁判。另一方面是民间规范不能损害国家、集体和第三人的合法利益。原因在于民间规范形成于特定地区、特定行业、特定人群,并被特定群体的成员普遍遵守,是特定群体共同意志的体现,满足了群体的共同需要以及维护他们的合法利益,从这一点来看,民间规范的产生和运用都与特定地区、特定行业、特定群体的利益密不可

---

[1] 参见韦森《经济学与哲学——制度分析的哲学基础》,上海人民出版社2005年版,第158—161页。

分。① 正因如此，民间规范若是进入司法程序，其效力仅限于特定的人群，不得对该范围之外的人设定义务从而损害第三人的合法利益。民间规范的法律性质决定了它必须基于群体成员的"同意"而建立相应的规则，才能对该群体内的成员产生效力，否则该民间规范不具有合法性。

最后，民间规范进入司法实践的另一要求是必须具备良法的品质。而对于良法的含义，有着多种多样的解读，并没有唯一确切的答案。从广义上来说，良法必须符合社会的整体发展方向，并且对推动社会良好发展起着积极的作用。从良法的意义上来说，它必须符合事物的发展规律，满足人们的利益诉求，实现社会的公平正义。② 因此，民间规范应该具备良法的品质即民间规范必须符合事物的自身发展规律，具有公平正义的特点，能够促进社会的发展进步。正如孟德斯鸠所言："从广义上来讲，法是由事物的性质产生出来的必然关系，一切事物都是有其法，不同的事物的性质必然产生不同的关系及其相应的法。"③ "法律的首要和主要目的是公共幸福的安排"④，因此民间规范需要尊重和反映事物自身的发展规律，同时符合社会的善良风俗和基本伦理观念，合理分配社会资源，尽可能公平地配置权利义务，最大限度地满足人们的利益诉求，从而实现良好的公共秩序。

（二）民间规范的特征

1. 民间规范的多元性

民间规范的多元性可以从空间维度和时间维度两个方面进行解

---

① 李鹏飞：《民间法解决纠纷研究》，硕士学位论文，河北大学，2011年。
② 李步云、赵迅：《什么是良法》，《法学研究》2005年第6期。
③ [法]孟德斯鸠：《论法的精神》，孙立坚等译，陕西人民出版社2001年版，第5页。
④ [意]托马斯·阿奎那：《阿奎那政治著作选》，马清槐译，商务印书馆1963年版，第106页。

读。从空间维度来说，主要体现为城市民间规范和乡村民间规范的多元情况。在乡村地区，民间规范保持着大量的传统习俗和文化特色，例如，曾经引起热烈讨论的"顶盆继承案"和"婚礼撞丧案"，体现了乡村地区的继承和丧葬习俗，这与乡村生活的特定文化习俗密不可分。但是城市地区的民间规范因为吸收了大量的城市文化而极具城市色彩，以上海浦东新区合庆镇为例，该镇抛弃了传统的村规民约治理社会的方式，而是将契约精神、权利义务以及权力制约等价值观念融为一体，通过群众共同治理的方式，构建了全新的治理模式，有效地维护了村民的合法权益，从制度上限制了村干部的权力，通过村民民主的方式推动了该镇的和谐发展。[1] 从时间维度来说，民间规范的大部分内容来源于传统社会的观念以及祖辈流传的故事传说，是特定文化的产物。但是随着社会的发展，传统民间规范吸收了大量的现代文化，结合了政治、经济、科技等因素，具有时代性的特征。而且由于民间规范产生于人们的社会需求，并且运用到社会实践当中，所以能够随着时代的发展进步而不断变化。例如，网络民间规范就具有极强的现代性和创造性，其内容与最新的科技成果和社会需求相结合，随着时代的发展而产生、改变，是一种典型的应运而生的民间规范。

2. 民间规范的碎片性

民间规范的碎片性主要体现在它是对诸多生活细节的反映。民间规范并不是经过设计产生的，而是扎根于具体的生活场景，社会生活有何种需要，就会产生相应的民间规范，因此，民间规范并非整齐划一，而是具有零散性、碎片性。民间规范这种碎片化的特点在少数民族地区中更为明显。例如，苗族地区有"栽岩"的习俗，

---

[1] 李瑜青、张玲：《民间法在国际大都市社会治理中的运用及其思考——以上海市浦东新区合庆镇"草根宪法"实践为例》，《民间法》2016年第1期。

又称为"埋岩",即一块长方形的石条埋入土中,露出半截,以此进行公众议事和立法活动,典型的有"盗窃岩"等,主要是对盗窃犯罪进行处罚后的纪念碑。[①] 又如侗族地区的"款约",分为民事类款约、刑事类款约、保护生态环境类款约等,内容包括成员的行为规范、道德规范、区域划分等方面,以此鞭策族人遵章守纪。再如羌族地区的"议话"即通过议话决定事项,制定村寨公约,处理各类案件,并通过竖碑立石的方式固定下来,供人遵守。[②] 这些民间规范根据自己的民族文化而制定并流传下来,各具特色,形成了碎片化的状态。这种碎片化的民间规范对于本地区、本村落、本民族的人们来说,能够维护该地区的秩序,规范人们的行为,达到"从心所欲不逾矩"的效果,但是也带来了一定的问题,即除了该地区以外的人们,若没有经过充分的实践考察,难以了解具体的规则,有效地把握不同地区民间规范之间的区别。

3. 民间规范的变迁性

民间规范除了具有多元化、碎片化的特点之外,还会随着时代的变迁而不断发展。例如,中国最早的传统民间规范的内容是以宗族内部的经济合作为主,但是随着社会的发展变化,"合作人员构成上,从强连带亲属关系圈到以亲属关系为核心扩展到单位同事、生意伙伴、同学、朋友等更大的熟人圈子,相比于过去,当代民间合作在会单制作和合会程序方面逐渐趋向规范"[③]。这种变化体现出民间规范在商业化社会实践的要求下吸收了现代社会程序化、规则化等价值理念,使得民间规范的内容不断改进和创新。但是,民间

[①] 龙仕平、周年荣:《贵州榕江苗族栽岩及其文化价值述略》,《贵州师范大学学报》(社会科学版)2021年第3期。

[②] 张佩:《法律意识培植新方式及其可行性思考——羌族议话评习俗带来的启发》,《沧桑》2009年第4期。

[③] 李学兰:《信任与秩序——对当代民间合会的法理剖析》,《山东大学学报》(哲学社会科学版)2008年第4期。

规范也并非完全朝着好的方向演变，在这一过程中，也有可能转化为"恶法"。例如，在民间社会中，乡贤是一种权威性人物，在乡村治理中扮演着极为重要的角色，能够及时地化解矛盾，维护乡村秩序。但在社会实践中，乡贤的权威治理逐渐形成"家长式"的作风，出于逐利的心理，乡贤将治理范围不恰当地扩大到乡村事务的各个方面，剥夺了农民参与公共事务的机会。这种民间规范难免具有任意性和不规范性，使得农民丧失了治理的主体性地位，难以表达自己的利益诉求，变成了被治理的对象，逐渐导致农村基层民主日渐萎缩，甚至衍生出了农村黑恶势力。[1] 因此，民间规范虽然产生于民间社会，但是由于人们认识的片面性，容易缺乏思考，失去理性的判断，从而陷入无知和目光短浅的状态之中，因此，大众通常会指责民间规范欠缺理性、规则简单，容易导致任意妄为、滥用职权的情形发生。这种缺陷引发的问题，在实践中又会因为"信息偏离"或"路径依赖"等原因，不断地循环往复、自我强化，逐渐形成不良的民间规范。[2] 由此可见，民间规范的变化具有两面性，可能向着好或者坏两个方向发展。

四 民间规范的类型

民间规范与社会大众的日常生活、生产和工作紧密相连，大部分内容都是关于"生老病死、衣食住行"，具体到婚姻、土地、丧葬、钱债、继承等各个方面。[3] 当前中国地方性法规和规章对于民间习惯的主要规定在于以下几个方面。

---

[1] 沈寨：《从"权威治理"转向"规则治理"——对乡贤治理的思考》，《民间法》2016年第1期。
[2] 李杰：《论民事立法对民事习惯的复杂禁止》，《法学论坛》2017年第4期。
[3] 参见王茜《中国地方立法中的民间习惯》，硕士学位论文，上海师范大学，2019年。

（一）殡葬规范

"慎终追远，民德归厚矣。"死亡不仅与社会民众的生活息息相关，是民众关心的根本利益之一，也是地方政府管理和调整的重点内容。中国地理环境、传统风俗、生活习惯、宗教信仰各有不同，在社会环境的长期影响下，各地区民众对于死亡的看法不同，在实践中逐步形成了具有地方特色、民族特点的丧葬方式。[①] 中国地方法律法规针对殡葬习俗、安葬形式、骨灰存放等丧葬事项有所规定，同时非常重视保护少数民族的殡葬习惯，如《海南省殡葬管理办法》（2012修正）第8条规定："尊重少数民族和宗教界人士的丧葬习俗。"并且经民政部门的批准可以采用土葬的方式。[②] 再如河北省《宽城满族自治县殡葬管理条例》（2002）第6条也有保护少数民族殡葬习惯的规定。[③] 中国地方立法对于民间规范中社会民众选择土葬或火葬后的安葬地点、安葬方式等事项也作出了引导和调整，如《四川省殡葬管理实施办法》（1985）第10条、辽宁省《葫芦岛市殡葬管理条例》（2017）第21条等都对丧葬方式、地点、遗体火化、骨灰安葬等作出规定。[④]

[①] 宋才发、刘洪源：《民间规范在乡村治理中的法律适用》，《理论与评论》2021年第1期。

[②] 《海南省殡葬管理办法》（2012修正）第8条规定："尊重少数民族和宗教界人士的丧葬习俗。在火葬区死亡，其民族或宗教有土葬习惯的，经市、县、自治县民政主管部门批准，允许在指定的地点或公墓土葬。死者生前或其亲属自愿实行火葬的，应予支持，他人不得干涉。"

[③] 河北省《宽城满族自治县殡葬管理条例》（2002）第6条规定："尊重回族等有土葬习惯少数民族的丧葬习俗，有关部门应妥善安排墓地。回族等有土葬习惯的少数民族死亡后自愿实行火葬的，应予以支持。"

[④] 《四川省殡葬管理实施办法》（1985）第10条："尊重少数民族的风俗习惯。少数民族聚居的地方，有土葬习俗的，可利用荒山瘠土建立民族公墓。散居的少数民族群众自愿实行火葬或平地深葬、不留坟头的，要给予支持，并提供一定的方便，他人不得干涉。"辽宁省《葫芦岛市殡葬管理条例》（2017）第21条规定："遗体火化后骨灰按照下列方式安置：（一）安放骨灰堂；（二）安葬在公墓；（三）节地生态安葬；（四）自行存放的应当符合民风民俗等习惯；（五）法律、法规规定的其他方式；无人认领的骨灰，由殡仪馆报请同级民政部门公告后，按照节地生态方式安葬，相关资料由殡仪馆保存。"

(二) 饮食规范

中国地方立法中民间规范对于关于饮食的规定，主要集中在对于清真食品的管理上，对穆斯林饮食中"合法的（哈俩里）"或"不合法的（哈拉目）"的饮食范围予以界定。①《宁夏回族自治区清真食品管理条例》（2017 修订）中第 2 条对"清真食品"予以界定："本条例所称清真食品，是指按照回族等少数民族的传统清真饮食习惯生产、加工、储运、销售（以下称生产、经营）的动物源性及其衍生物食品。"中国地方性法规、规章对于清真饮食习惯的规定主要在于尊重和保护少数民族地区人们的饮食习惯，如《贵州省食品安全条例》（2017）第 52 条、《天津市少数民族权益保障规定》（2013）第 13 条对清真食堂、餐具隔离、食品供应等问题作出了具体规定。② 地方立法除了规范清真饮食以外，对于卫生安全防疫检测、食品安全检测等公共事务也作出了相关规定。③

(三) 农业生产规范

农业生产规范是指在长期的农业生产过程中，农民受到自然环境和生产条件的限制，不断改进生产方式，逐渐在农业领域内形成了特定的行为规范和行为模式。中国地方立法中对于农业领域的规

---

① 参见张忠孝《"清真食品"定义和范围界定问题的探析》，《回族研究》2006 年第 1 期。
② 《贵州省食品安全条例》（2017）第 52 条中规定："餐饮服务提供者提供的清真餐饮具应当符合民族习惯，不得与其他餐饮具混存、混运、混洗和混用。"再如《天津市少数民族权益保障规定》（2013）第 13 条规定："有清真饮食习惯的少数民族人员较多，需要集体就餐的学校、养老机构及其他机关、团体、企业事业单位和组织，应当设立清真食堂或者清真灶。本市机场、车站、客运码头等场所以及三级甲等医疗机构，应当提供日常基本的清真食品。"
③ 如《黑龙江省食品安全条例》（2016 修订）第 13 条中规定："市、县级人民政府卫生行政部门应当结合当地人口分布特征、食品消费结构、居民饮食习惯等区域特点，制定本级食品安全风险监测实施方案，报省人民政府卫生行政部门备案并实施。地方特色食品可以被纳入本级食品安全风险监测计划。"另外，对于一些地区破坏生态平衡或容易引起公共卫生问题的饮食习惯也以地方立法的形式予以禁止性条款规定，如《广东省爱国卫生工作条例》（2003）第 7 条规定："公民应当养成文明、卫生的饮食习惯，摒弃吃野生动物的习俗，不吃法律法规保护、容易传播疾病或者未经检疫的野生动物。"

定主要集中在畜牧业、种植业、养殖业等方面，如《江西省农业生态环境保护条例》（2017）第 11 条中规定地方环保部门必须考虑当地的种植习惯，从而制定实施相关的方案，对受污染的耕地进行保护和利用。①《海南省实施〈中华人民共和国水土保持法〉办法》（2017 修正）第 14 条规定将野外放养的牲畜进行圈养。② 此外，地方立法还将渔业、灌溉等农业生产习惯纳入管理的范围。③

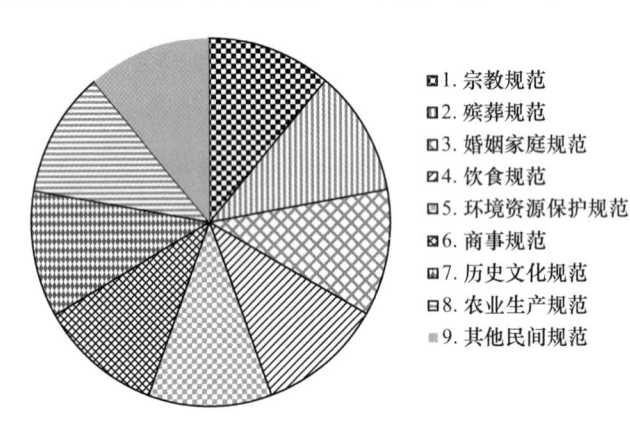

图 1-5　民间规范类型

---

① 《江西省农业生态环境保护条例》（2017）第 11 条规定："对安全利用类农用地中的耕地集中区域，县级以上人民政府农业主管部门、环境保护主管部门应当结合当地主要作物品种和种植习惯，制定实施受污染耕地安全利用方案，采取替代种植、轮耕休耕等措施降低农产品超标风险。对安全利用类农用地，应当对其周边地区采取环境准入限制等措施，减少或者消除污染。"

② 《海南省实施〈中华人民共和国水土保持法〉办法》（2017 修正）第 14 条中规定："在封山育林区及水土流失严重地区，当地人民政府及其主管部门应当采取措施，改变野外放养牲畜的习惯，推行圈养。"

③ 如《江苏省渔业管理条例》（2018 修正）第 18 条中规定："因传统作业习惯或者资源调查以及其他特殊情况，外省市渔船和个人来本省捕捞作业的，必须凭其所属省人民政府渔业行政主管部门的证明，经设区的市人民政府渔业行政主管部门批准合法临时捕捞许可证件。"《陕西省水利工程供水收费标准和使用管理试行办法》（1983）第 8 条规定："农业用水，在自流灌区，凡具备计量条件的，应按量计费，以斗口供水量计算，每立方米收费一分至一分五厘。暂不具备按量计费的，可按亩计费，水浇地每亩年收费二元至三元，稻田每亩年收费三元至四元，蔬菜、果园等经济作物地每亩年收费四元至五元。有按固定水费加灌溉水费收交习惯的，每亩征收固定水费二角至五角，另按实际用水量，每立方米加收灌溉水费五厘至一分。"

（四）婚姻家庭规范

现阶段，中国地方立法中民间规范对婚姻家庭的规定主要体现在少数民族地区的自治条例和单行条例中，其中对少数民族地区特殊的婚姻习惯作出了变通性规定。例如，云南省《沧源佤族自治县对〈婚姻法〉的变通规定》（1981）中规定："照顾风俗习惯，决定将法定婚龄变通为男方不得低于二十周岁，女方不得低于十八周岁。"这一做法充分考虑了当地的实际情况，对婚龄作出了变通规定。此外，甘肃省阿克塞哈萨克族自治县依照当地婚姻习俗也作出了变通规定："自治县境内的哈萨克族直系血亲和四代以内的旁系血亲（至重外孙）禁止结婚，并继续提倡七代以内的旁系血亲不结婚的传统习惯。"中国地方立法对某些家庭习惯进行了引导性的规定，如《四川省甘孜藏族自治州施行〈中华人民共和国婚姻法〉的补充规定》（1981）第9条规定："非婚生子女的生父，应负担子女必要的生活费和教育费的一部或全部，改变主要由生母负担的习惯。"中国地方立法还尊重少数民族的继承习惯，如四川省《阿坝藏族羌族自治州施行〈中华人民共和国继承法〉的变通规定》第4条中规定："经继承人协商同意，也可以按照少数民族习惯继承。"

（五）商事规范

地方立法中有关商事规范的内容丰富，涉及交易规则、商业惯例、准入规定、市场主体行为规范等多个方面。出于现实考虑，地方立法中常见的规定是对于消费者的不良消费行为进行引导和规范。如江苏省《苏州市活禽交易管理办法》（2018修正）第7条规定："本市各级人民政府、有关部门、社会组织和新闻媒体应当加强禽类以及禽类产品安全消费知识宣传，引导公众转变活禽消费习惯。"此外，某些地区会通过行业惯例对商事登记、交易活动、经纪人资格等事项进行规范和管理。①

（六）宗教规范

宗教规范主要包括宗教礼仪、宗教节日等宗教活动中形成的习惯。江苏省的地方立法中对"宗教活动"含义进行了列举式的解释："本条例所称宗教活动，是指信教公民按照宗教教义、教规和习惯集体进行的拜佛、诵经、经忏、礼拜、祈祷、讲经、讲道、弥撒、受洗、受戒、受箓、朝圣、朝觐、封斋、过宗教节日、终傅、追思、度亡等活动。"② 中国地方立法中对宗教场所接受公民捐赠的"善款""香火钱"作出规定，如《新疆维吾尔自治区宗教事务条例》（2014）第 20 条规定："宗教活动场所可以按照宗教传统习惯接受公民的捐资、捐物，但不得以任何方式和名义摊派、索捐。"③ 宗教节日方面，如《新疆维吾尔自治区人民政府关于修改〈新疆维吾尔自治区少数民族习惯节日放假办法〉的决定》（2011）中规定："肉孜节全区各族干部职工放假一天；古尔邦节全区各族干部职工放假三天。"④

（七）历史文化规范

地方立法中的民间规范尊重本地历史文化传统，通过对地方、道路、河道的命名来体现城市文化以及城市在不同历史时代的特

---

① 如《广东省商事登记条例》（2015）第 21 条规定："经营范围涉及前置许可事项的，应当按照相关批准文件表述；批准文件没有表述或者表述不规范的，参照国民经济行业分类表述。不涉及前置许可事项的，参照国民经济行业分类表述；国民经济行业分类中没有规范的新兴行业或者具体经营项目，参考政策文件、行业习惯或者专业文献表述。"《河北省建筑条例》（2015 修订）第 22 条规定："发包人应当按照合同约定的时间完成工程结算，支付价款。合同对工程结算时间没有约定或者约定不明确的，当事人可以协议补充；达不成补充协议的，按合同有关条款或者交易习惯又不能确定的，发包人应当自接到承包人结算书之日起三个月内完成工程结算，支付价款。"《贵州省经纪人管理条例》（2004 修正）第 10 条中规定："经纪人的权利……依法或按照协议或商业习惯收取佣金和费用。"
② 《江苏省宗教事务条例》，《新华日报》2019 年 12 月 11 日第 8 版。
③ 《新疆维吾尔自治区宗教事务条例》，《新疆日报》（汉）2014 年 12 月 9 日第 7 版。
④ 阿依先·肉孜：《维吾尔族的节日文化与宗教》，《世界宗教文化》2009 年第 4 期。

点。以道路命名为例，在对地名进行更改或者翻译的过程中，必须进行实地考察，研究其历史渊源、文化特点以及民间社会的习惯性称谓，此外，还必须严格遵守工商注册的法律规定，对户籍等相关事项进行处理。这样有利于传承和保护城市的文化符号，同时减少不必要的麻烦，方便本地群众的生活和工作。例如，西藏自治区《拉萨市地名管理条例》第 12 条中关于地名命名应当遵循的原则规定："（二）有利于继承和发扬传统文化、弘扬民族文化、反映历史、文化和地理特征，尊重藏民族的历史文化和传统习惯，保持地名的文化传承和相对稳定；（三）尊重当地居民的习惯和愿望，征求有关方面的意见。"再如，内蒙古自治区《呼和浩特市地名管理条例》（2017 修正）第 14 条对地名变更及地名译写拼写等事项要依据沿用时间较长的汉字名称。[1] 另外，一些地区对于本地群众的住房、商铺的样式作出规定，如宁夏回族自治区《银川市牌匾标识管理条例》（2010）第 6 条规定："单位名称牌匾标识和建筑物名称牌匾标识应当根据有关规定或者按照传统习惯，设置在建筑物的檐口下方、底层门楣上方、建筑物临街方向的墙体上。"此条款中对于牌匾的规定沿用了传统的民俗习惯。

（八）环境资源保护规范

环境保护规范的内容主要在于两方面，一是倡导绿色低碳、环保节能的生活方式，二是对奢侈的、不合理的消费习惯进行引导和修正。如《江苏省大气污染防治条例》（2018 修正）第 6 条中规定："公民应当自觉践行文明、节约、低碳的消费方式和生活习惯，减少向大气排放污染物，共同改善大气环境质量。"此外，还引导

---

[1] 内蒙古自治区《呼和浩特市地名管理条例》（2017 修正）第 14 条规定："用汉语翻译蒙古语地名，应当以蒙古族语言标准音为基础，以蒙古语标准口语为主，用蒙古文字书面语与口语相结合的办法进行音译。对现行蒙古语地名译音失真，但习惯沿用时间较长的汉字名称可以沿用，不调整用字；对译音失真产生歧义的，应当予以更正。"

民众养成垃圾分类、使用节水材料的良好习惯，如福建省《厦门经济特区生活垃圾分类管理办法》（2017）第 6 条中规定："教育行政管理部门负责将生活垃圾分类相关知识纳入本市中学、小学、幼儿园以及其他教育机构环境教育内容，普及生活垃圾分类知识，培养生活垃圾分类习惯。"《上海市水资源管理若干规定》（2017）第 13 条中规定："本市对居民生活用水实行阶梯水价，引导居民选用节水型生活器具，养成节约用水的良好习惯。"

（九）其他规范

除上述几个大类之外，地方立法中还有书写规范、广播收视规范、养犬规范、用药规范等常见的民间规范内容。[①] 中国地方立法对于书写规范的规定多见于国家行政机关公文处理的事项上，如《青海省国家行政机关公文处理实施细则》（1997）第 13 条中规定："文字从左至右横写横排。少数民族文字按其习惯书写、排版。在民族自治地方，可并用汉字和通用的少数民族文字。"广播电视收视规范被应用在气象灾害发布上，如《河北省实施〈中华人民共

---

① 书写规范。中国当代地方立法对于书写规范的规定多见于国家行政机关公文处理的事项上，如《青海省国家行政机关公文处理实施细则》（1997）第 13 条中规定："文字从左至右横写横排。少数民族文字按其习惯书写、排版。在民族自治地方，可并用汉字和通用的少数民族文字。"广播电视收视规范。被应用在气象灾害发布上，如《河北省实施〈中华人民共和国气象法〉办法》（2018 年修正）第 13 条规定："广播、电视播出单位应当根据当地的视听习惯和收视效果。与同级气象台站协商确定气象预报节目的播发时间。"如《浙江省气象条例》（2007）第 12 条中规定："广播、电视台站根据气象预报的时效要求、公众视听习惯确定气象预报节目固定播出时间。需要调整固定播出时间的，应当事先征得气象台站的同意；确因特殊情况需要临时改变播出时间的，应当事先通知气象台站，并告知公众。"养犬规范。如黑龙江省《哈尔滨市养犬管理条例》（2014 年修正）第 34 条规定："养犬人应当依法养犬、文明养犬，训练犬只养成良好的行为习惯，不得因养犬干扰他人正常生活、影响公共秩序与安全或者破坏公共环境卫生。"广西壮族自治区《南宁市养犬管理条例》（2015 年修订）第 5 条中规定："广播、电视、报刊、网站等新闻媒体应当加强文明养犬知识公益宣传，引导养犬人形成良好的养犬习惯。"用药规范。如《内蒙古自治区蒙药中医药条例》第 34 条规定："实施蒙药中药医院制剂品种注册许可，应当充分考虑和尊重蒙医中医医疗机构民族用药传统习惯。蒙药中药医院制剂在医疗机构之间的调剂使用，按照自治区有关规定执行。"

和国气象法〉办法》（2018修正）第13条规定："广播、电视播出单位应当根据当地的视听习惯和收视效果与同级气象台站协商确定气象预报节目的播发时间。"又如，《浙江省气象条例》（2007）第12条中规定："广播、电视台站根据气象预报的时效要求、公众视听习惯确定气象预报节目固定播出时间。需要调整固定播出时间的，应当事先征得气象台站的同意；确因特殊情况需要临时改变播出时间的，应当事先通知气象台站，并告知公众。"中国许多地区都制定了养犬规范，如黑龙江省《哈尔滨市养犬管理条例》（2014修正）第34条规定："养犬人应当依法养犬、文明养犬，训练犬只养成良好的行为习惯，不得因养犬干扰他人正常生活、影响公共秩序与安全或者破坏公共环境卫生。"广西壮族自治区《南宁市养犬管理条例》（2015修订）第5条中规定："广播、电视、报刊、网站等新闻媒体应当加强文明养犬知识公益宣传，引导养犬人形成良好的养犬习惯。"用药规范大多存在于医药行业当中，如《内蒙古自治区蒙医药中医药条例》第34条规定："实施蒙药中药医院制剂品种注册许可，应当充分考虑和尊重蒙医中医医疗机构民族用药传统习惯。蒙药中药医院制剂在医疗机构之间的调剂使用，按照自治区有关规定执行。"

第 二 章

地方立法中的民间规范

法治社会是"法治国家、法治政府、法治社会三位一体建设"重大命题的重要一环。但是，与20世纪90年代即已开始的法治国家建设，以及近十多年来开展的法治政府建设相比而言，法治社会的建设无疑是"三位一体"建设中最薄弱的一环。法治社会的建设一方面不仅需要通过国家法律来保障社会主体的民主、自由和自治，通过法律约束国家权力的行使，成为建设法治国家的重要基础；另一方面也要对社会权利进行引导和约束，避免社会主体恣意行使权利侵犯国家、集体和他人的合法权益，引导社会主体自觉遵守国家法律法规，养成遵纪守法的良好习惯，培育社会的法治氛围。①

民间规范作为一种社会自治的自发性规则，发挥对社会的治理作用，不仅对社会治理具有重大意义，而且在建立健全"三位一体"格局中发挥着重大作用，同时，其在一定程度上，有利于弥补国家法律的空白。此外，国家法律注重兼顾全国的实际情况，制定全国通用的法律规范，这就导致了其无法与具有浓厚地方特色的民间规范形成直接、具体的互动，二者从而产生了距离。因此，若要

---

① 张鸣起：《论一体建设法治社会》，《中国法学》2016年第4期。

充分发挥民间规范的社会治理作用,使其与国家法律产生互动、融合,一方面,从地方立法层面对民间规范进行调整,使得民间规范成为国家法律的有机组成部分,对国家法律进行补充和完善,成为共同治理社会的准则。[①] 另一方面,则要重视对民间规范的引导和约束,加强对社会主体自我治理的监督和规范,推动法治社会的建设进程,积极回应"三位一体"建设格局的需求。

第一节 民间规范与地方立法的关系

地方立法作为一种普遍性的法律规范,以现代法理观为基础,受传统社会与现代社会的差异影响,地方立法必定会受到民间传统观念的部分抵触,其实施效果便会打折扣,在个案之中体现得尤其明显。而传统的民间规范借助传统道德观的约束,在实施过程中有更强的灵活性,能够更好地应对特殊行业、特殊区域、特殊人群的特殊纠纷,该实施效果相对于普遍、固化的地方立法更佳。因此,地方立法与民间规范的融合,能够更充分地借助灵活的法律实施手段,实现法律效果的公平正义。

一 民间规范与地方立法的互补关系

民间规范与地方立法的互补关系,是指民间规范与地方立法在地方社会治理中存在规范相互补充的关系。这两者间存在的互补关系具有重要意义,不仅丰富了国家治理体系的理论研究,而且为国家建立多元化、多层次化的治理体系提供了现实基础。此外,民间规范与地方立法的互补关系能够在乡村治理中发挥独特的作用,具有显著功能。乡村治理是国家治理的重要组成部分,是指不同主体

---

① 郭道晖:《法治新思维:法治中国与法治社会》,《社会科学战线》2014年第6期。

运用各种手段如行政管理、乡村规范、道德规范等，对乡村集体进行规范和管理的行为。乡村治理的主体范围较广，通常包括国家机关、地方政府、村民自治组织以及村民自身。

乡规民约与地方立法共同作用于乡村治理，一方面，两者的互补表现主要体现在乡规民约对地方治理的补充作用上。以乡村环境保护为例，地方行政管理的有限性使得村民在环境保护的问题上进行自我治理，制定和完善当地的环境保护规则，将村民的利益诉求和权利主张融入治理规范之中，从而强化村民的责任观念，将环境治理这一难题从"行政强制性"转化为"自我约束性"，提高了村民的自治意识，有利于节约行政管理成本。[①]

另一方面，虽然中国相关法律明确了地方立法可以吸收乡规民约中的积极因素，但在实践中仍有不足，一是乡村治理立法的专门性、针对性不足。二是乡村治理的立法数量较少，覆盖范围有限。[②]三是乡村治理立法的确定性不高，大多是笼统性的规定以及原则性的阐述。以上原因导致乡村治理中有关环境污染、征收补偿等纠纷难以得到高效、妥善的解决。强化乡规民约在治理中的作用能够进一步解决上述问题。

社会生活的自然发展以及民众的自我需求是民间规范和地方立法互补关系存在的现实基础。在社会、经济生活中，法律法规虽然发挥着重要的作用，但不是唯一的治理手段，民间规范能够在法律法规不能调整的范围内发挥其独特的作用，弥补法律的不足。[③] 在维护私人秩序方面，民间规范比法律发挥的作用更加高效，而法律

[①] 北京门头沟：《环保义务写入村规民约》，最新访问时间：2022 年 5 月 12 日，http：//www.ntv.cn/a/20170117/303101.Shtml。

[②] 高其才：《通过村规民约的乡村治理——从地方法规规章角度的观察》，《政法论丛》2016 年第 2 期。

[③] 周林彬、何朝丹：《法律与社会网络在契约执行中的互动关系》，《广东社会科学》2008 年第 4 期。

则是调整社会秩序的支撑手段以及权利的救济手段。在中国传统的法律文化中，礼在前，对人们的行为进行道德制约；法在后，发挥着保障和强制作用。但在现代社会，法律则成了治理社会、维护秩序的重要手段之一，有的时候甚至是唯一手段。

民间规范与地方立法又有相同的地方，两者具有地方性的属性，都重视经验在治理中的重要性，并且都有共同追求的价值目标，反映了一定的社会心理。正是地方立法与民间规范之间既存在差别，又存在共同属性，使得二者有互动和互补的空间。[1]

在众多的国家制定法当中，地方立法是最接近民间规范的强制性规范，能够最大限度地实现民间规范和国家法律的良好对接，从而对社会治理发挥重要的作用。通过立法、执法、司法等手段，将民间习俗、传统习惯、善良风俗当中的有益成分进行吸收、整合、改善，使其上升为法律，实现民间规范的明确性、强制性、法定性，不仅能够填补国家法律调整范围的空白，还能在司法裁判中发挥补充性的作用，更好地解决社会纠纷，维护社会秩序。立法虽然是国家创制法律的过程，看似与民间规范这种非国家制定法有所冲突对立，但实则在社会治理中发挥着相互补充的作用。[2]

二 民间规范与地方立法的替代关系

民间规范与地方立法在社会治理中存在替代关系，尤其是在行业规范治理中尤为突出。行业规范是市场主体在市场的发展过程中自发形成的一种非正式制度和规则，是民间规范的重要表现形式之一，能够为市场主体在从事交易的过程中节省缔结合同以及履行合

---

[1] 李胜兰、何朝丹：《法律与社会网络——解读中国转轨经济中制度变迁过程的新视角》，《制度经济学研究》2007年第4期。

[2] 王圆喜：《民间法与国家法互动关系研究》，硕士学位论文，安徽大学，2014。

同的时间和成本。以金融行业为例，外国学者 Stiglitz 认为正式信贷和非正式信贷之间存在替代关系，如私人通过非正式金融获得信贷将会降低银行信贷的需求，因为非正式信贷的贷款者能够在较小范围内更加高效地寻找可靠的借款者，并且获得贷款的便捷性更高、可能性更大，因此会降低贷款者对于银行信贷的需求性。

此外，替代关系的重要体现之一还在于行业协会通过仲裁的方式解决交易双方的矛盾纠纷。行业协会、商会根据商事贸易的特点，制定行业规范以及纠纷解决机制，相较于国家制定法而言，在解决贸易纠纷时更加方便、快捷、灵活，能够得到大多数交易主体的选择和适用，提高了商事活动的效率，促进了商事活动的发展。[①]例如，美国的珠宝行业以及一些农业经营者们自发建立了行业组织，并且制定了相关的行业规则和纠纷解决机制，经营者大多自觉遵守相关规范，在出现纠纷时，也选择该行业规范快速地解决矛盾。"这些行业自治组织的章程一般都会规定，成为组织成员的商人在订立交易合同的时候，应当明确约定把可能发生的商事纠纷提交行业组织解决，而不是首先向法院起诉。这种纠纷内部解决方式的优先适用是商人成为自治组织成员的义务之一，在这些专业性较强的商事活动当中，纠纷内部解决机制效率高于法院的诉讼机制。"[②]

对于法律中心主义的批判理论是分析替代关系形成原因的重要依据。许多批判法律中心主义的学者研究认为，在经济秩序发展的过程中，与法律秩序相比，非法律秩序同样有着不可忽视的作用。例如，埃里克森指出经济秩序的有效维持不以法律为必要的前提条

[①] 董淳锷：《论商事自治规范》，硕士学位论文，中山大学，2009 年。
[②] 董淳锷：《商事自治规范司法适用的类型研究》，《中山大学学报》（社会科学版）2011年第 6 期。

件，并且在《无需法律的秩序》一书中运用多种数据研究论证了这一观点。中国的经济发展历程也强有力地支持了替代说的观点，中国在有关经济制度的法律规定并不完善的情况下，仍然创造了经济增长的"中国奇迹"，即连续 34 年 GDP 增长率维持在 9.84% 左右。在 2002 年兰德尔·帕伦勃的研究中也论证了替代说，该学者将中美两国的行业法律制度进行比较得出行业规范可替代正式法律的结论，并且这种替代关系在经济发展的各个阶段都存在。例如，美国的商贸主体通常选择行业协会制定实施的行业规范或仲裁规定来解决贸易纠纷，以此节约诉讼带来的时间成本和商业成本，减轻市场主体的资金压力，从而将市场主体的更多精力投入到交易当中。①

从广义上来说，行业规范主要包括两个方面的内容，一是行业协会制定的适用于调整商业活动中各种社会关系的制度、规则；二是人们在长期商事活动中逐渐形成并为人们所认可、接受、实践的习惯、惯例等。行业规范是市场经济活动中规范市场主体行为的重要手段之一，相较于国家和地方法律体系而言，行业规范有其独立运行的规则和系统，调整的范围也较为广泛，包括各个市场主体之间交易的平等关系，市场主体的权利、义务和责任，行业协会与市场主体之间管理与被管理的关系以及各个市场主体之间具体的交易行为等。

现代市场经济的发展理念认为，市场经济的有序发展是多重因素合力的结果，国家制定法的单一作用无法支撑经济秩序成熟稳定发展。只有企业自身以及行业协会的自治能力协同发展才能建立一种高效有序的商业发展模式。以中国为例，近年来，中国许多地区的行业、商会已经制定了相对完善的行业准则和规范，并在此基础

---

① Randall Peerenboom, *China's Long March Rule of Law*, Cambridge University Press, 2002, pp. 79–90.

上建立、完善了行业纠纷解决机制，使得市场主体可以通过选择调解或者仲裁的方式解决贸易纠纷，促进了商事活动的高效发展。

单靠公平、正义、秩序、诚实信用等价值理念解决民间规范与地方立法之间的替代关系远远不够，还应当把效率这一社会核心价值准则纳入规范体系之中，将其作为一个重要判断准则，良好的治理市场不仅要包含秩序准则，还应当包含效率准则。在解决市场主体矛盾冲突的过程中，要充分发挥行业规范在调节市场资源、化解利益纠纷中的积极效用，将行业规范的调解和仲裁作为主要的解决手段，辅以法院的裁判功能，为各类市场主体解决矛盾留下选择的空间，提高贸易活动的效率。

三 民间规范与地方立法的冲突关系

虽然民间规范和地方立法之间存在互补作用，但两者间不可避免地在某些领域存在抵触，主要体现在两个方面。

一是某些民间规范与时代发展理念不符。运用民间规范治理社会的过程中，各类主体的利益冲突、法律意识的缺失，以及一定程度上国家法律对民间规范引导、约束的缺位，导致某些民间规范违背公序良俗，侵犯公民的合法权益，阻碍民主法治进步，扰乱社会秩序，破坏公平竞争的原则，民间规范在适用中逐渐背离其初衷。[①]在农村城市化的过程中，传统的固有观念与现代社会的发展产生冲突，出现了民间规范与地方立法相抵触的情形，为乡村治理带来了障碍。例如，许多村庄以《村民委员会组织法》为由，不向嫁到外地的妇女分配集体土地利益，这一做法侵害了外嫁妇女的合法利益，有的地方甚至剥夺未婚妇女、离异妇女、外嫁妇女的土地权益。

---

① 李蒙：《民间法发展的困境与出路》，硕士学位论文，烟台大学，2019年。

又如，据发改委2014年9月公布，浙江省保险行业协会与浙江多个保险公司开会决定限制保险费率的折扣幅度以及手续费标准，在这一过程中形成了《浙江省机动车辆保险行业自律公约》《实施细则》等多个文件，并且要求各保险公司按照文件要求实施，通过行业检查的方式对不按要求实施的保险公司进行处罚，这种行业规范的统一价格标准，不仅侵犯了企业间公平竞争的权利，破坏了市场的自由竞争规则，并且具有垄断性质，侵犯了消费者的合法权益。① 因此，国家发改委对该行业协会处以50万元人民币的最高罚款。

二是地方立法未能正确处理与民间规范的关系，妨碍基层民主的制度建设。在地方立法权的改革过程中，没有充分利用民间规范的合理价值，随着地方政府权力的扩大，逐渐挤压了民间规范在基层治理中应有的空间，使得合理的行业规范不能发挥应有的效用，侵犯公民权利，妨碍市场机制运作的事件时常发生。行业规范能在商事活动中发挥重要的作用，但市场机制的自我调节能力不足且体系规范程度低，使得国家必须通过行政手段规范行业发展，虽然行政手段能对商事活动进行引导和规制，但不可避免地限制了行业规范在促进市场交易中的作用，一定程度上增加了交易成本，破坏了市场规律，阻碍了市场经济的快速发展，有时甚至激发了社会矛盾。

民间规范与地方立法之间冲突关系形成的根本原因源于其代表的群体意志不同，民间规范源于社会发展过程中形成的社会群体自我规范意识，整体上代表了社会群体的意志，属于一种非正式制度；地方立法源于国家治理社会过程中形成的带有强制性的国家意

---

① 马金顺：《浙江保险业协会被处以顶格罚：组织企业协调价格》，最新访问时间：2022年5月12日，中金在线（http://news.cnfol.com/guoneicaijing/20140910/18925770.shtml）。

志，是一种正式制度。

从历史角度来分析，中国与其他国家的民间规范都是其民众在长期的生活经验中总结并遗传下来的传统和文化。中国的民间规范历史悠久，呈现出一种"生于乡土、长于乡土"的形态，民间规范的经验性、地方性的特点更为突出，在适用过程中为了保护其地方群体的利益，忽视甚至会侵害社会整体利益。①

从制度经济学的分析来看，建立"关系网络"是民间规范的重要特点，是一种成本较高的"专用性资产"，会产生规模经济的"网络效应"。换句话说，"关系网络"的建设成本和国家法律的效用发挥成反比，人们投入民间规范的"关系网络"中的精力越多、成本越大，则适用国家法律的空间越小，阻力越大；民间规范的适用规模越大，为其成员带来的边际收益就越多，使得该机制不断强化发展。② 在此种情况下，即使通过地方立法治理社会，民间规范"网络关系"的利益既得者也会减轻法律对于社会生活的规范作用。

法律中心主义或立法中心主义是导致地方立法与民间规范冲突的根本原因。"立法"是中国改革开放以来法治建设的重点，也是建设中国法律体系的核心，通过立法形成法律体系，治理社会，调整社会利益，忽视了法律体系本身的多元性和开放性，围绕立法进行法律体系的构建必然会导致立法中心主义或法律中心主义的产生。③ 造成这种状况最主要的原因之一在于中国社会处于转型时期，各项制度建设尚不完善，亟须通过一定的手段治理国家和社会，此时，法律的强制性能为社会发展提供强有力的保障，因此，通过立法建立完善的法律体系是中国长期以来的任务和目标，但此种做法

---

① 于语和：《论中国传统民间法的根本特质》，《甘肃理论学刊》2014 年第 1 期。

② 周林彬、何朝丹：《法律与社会网络在契约执行中的互动关系》，《广东社会科学》2008 年第 4 期。

③ 张鸣起：《论一体建设法治社会》，《中国法学》2016 年第 4 期。

逐渐导致法律扩张范围较广，一定程度上影响了社会的自治领域。此外，受到行政管理理念的深刻影响，管理者也将立法和法律作为治理社会的唯一措施，最终导致地方立法不断渗入社会自治领域，引起与民间规范的冲突。

四　民间规范在地方立法中的生存空间

据不完全统计，截至 2018 年 8 月底，中国各级地方性法规数量超过了 10000 件，行政法规近 800 件，现行有效法律超过 250 件，可见，在中国法律体系中，地方性法规数量庞大。[①] 民间规范在国家立法中的空间，也主要集中在各级地方立法层面。

首先，省级地方立法不仅承担着实施国家法律的职责，而且承担着创制地方立法的职权，需要从两个方面来讨论其对于民间规范的不同意义，一是"实施性立法"，二是"创制性立法"。一方面，从"实施性立法"的角度来看，其目的是在区域内对上位法的规定因地制宜地作出具体的实施措施，保障上位法能够在该行政区域内得到贯彻执行，省级立法在中国立法体系中起着承上启下的作用，没有省级立法的具体规定，上位法难以得到具体的执行。因此，在省级地方立法吸收民间规范时，不能与上位法的精神和原则存在抵触。以青海省为例，青海省一共有 126 件省级地方性法规，其中，实施性立法有 36 件，其立法的主要内容是关于国家的基本法治原则，对于那些可能抵触上位法以及国家基本法治原则理念的民间规范进行限制。[②] 例如，《青海省实施〈中华人民共和国妇女权益保

[①] 数据来源为新华社网站：http：//www.xinhuanet.com/legal/2018-09/16/c_1123437851.htm. 最新访问时间：2022 年 5 月 12 日。

[②]《青海省实施〈中华人民共和国妇女权益保障法〉办法》，最新访问时间：2022 年 5 月 12 日，青海省人民政府网站（http：//www.qh.gov.cn/bsfw/system/2012/11/26/010017182.shtml）。

障法〉办法》第 29 条规定:"妇女的婚姻自主权受法律保护。禁止包办、买卖婚姻和借婚姻索取财物,不得以宗教、习俗仪式代替婚姻登记,不得以宗教、民间习俗干涉妇女的结婚、离婚、再婚自由。"这一规定的主要目的在于改变民间长期存在的不合理的婚姻习惯,如以宗教仪式和传统习俗代替婚姻登记的效力。从社会整体来看,这种不符合现代规范的婚俗习惯已经逐步减少,取而代之的是更为文明的做法。另一方面,从"创制性立法"的角度来看,许多地方性立法中融入了民间规范的善良风俗、优良传统以及多年传承下来的民间智慧,体现了地方立法对于民间规范的重视和运用,也是民间规范作用于地方立法的重要体现。在青海省 90 余件的创制性立法中,主要的代表性规范性文件有《青海省清真食品生产经营管理条例》《三江源国家公园条例(试行)》《青海省促进民族团结进步条例》等。这些立法表明,除了中央专属立法权以外,实践中还存在大量需要通过地方立法来调整的事项和空间,因此,地方立法应当因时因地制宜,充分考虑民间规范在处理地方特殊问题时的积极作用,充分发挥其对社会治理的有益方面。

其次,青海省的省会市、设区的市、自治州的立法规定也是体现民间规范的重要立法类型,因其享有一定空间的立法自治权和立法自主权,对于民间规范能够进行吸收、整合和改善。青海省是一个类似于民族自治地方的"非民族自治地方",民族区域自治地方面积占到全省总面积(72 平方公里)的 98%,区域自治地方的少数民族人口又占到全省少数民族人口(全省常住人口 607 万人,少数民族人口 289 万人)的 82%,就市(州)一级行政区划而言,青海省除省会城市西宁市和海东市以外,共下辖 6 个民族自治州[①](海西、海北、海南、黄南、果洛、玉树)。

---

① 吴明童:《青海省民族自治地方立法情况浅析》,《西北政法学院学报》1987 年第 2 期。

表2-1　青海省第七次全国人口普查表（数据截至2020年11月1日零时）

地区	常住人口（人）	全省人口中占比% 2020年	全省人口中占比% 2010年	地区性别人口比重% 男	地区性别人口比重% 女	性别比	年龄人口比重% 0—14岁	年龄人口比重% 15—59岁	年龄人口比重% 60岁以上
全省	5923957	100	100	51.21	48.79	104.97	20.81	67.04	12.15
西宁市	2467965	41.66	39.25	50.91	49.09	103.72	16.36	69.29	14.35
海东市	1358471	22.93	24.83	50.94	49.06	103.83	22.78	63.04	14.18
海北州	265322	4.48	4.86	50.98	49.02	104	20.18	69.34	10.48
黄南州	276215	4.66	4.56	50.51	49.49	102.08	26.54	65.12	8.34
海南州	446996	7.55	7.85	50.52	49.48	102.09	24.25	66.2	9.53
果洛州	215573	3.64	3.23	52.18	47.82	109.1	29.69	63.88	6.43
玉树州	425199	7.18	6.73	50.19	49.21	103.23	31.35	61.2	7.45
海西州	468216	7.9	8.69	54.74	45.26	120.93	18.65	74.21	7.14

数据来源：青海省统计局（http：//tjj.qinghai.gov.cn/tjData/surveyBulletin/）。

2015年规定设区的市（包括自治州）可以就"城乡建设与管理、环境保护、历史文化保护"等事项制定地方性法规与政府规章，这一规定在某些方面实现了立法权的部分下放，为民间规范与地方立法的融合发展提供了空间和依据，但是，因其立法权的保留性，地方立法对于民间规范的吸收采纳受到一定的限制，且仅限于上述范围内。从统计内容和相关立法来看，目前青海省、市、自治州制定的地方性法规有40件，自治条例和单行条例有84件，由此可见，地方立法吸收整合了民间规范的有益内容，民间规范也深刻融入地方立法的规定当中，不仅实现了两者的互动与融合，更体现了青海省的地方立法特色。此外，青海省的互助、河南、循化、化隆、民和等七个自治县目前共制定了43件自治性立法。[①] 县一级自

[①] 目前，中国县一级地方还不享有一般地方立法权。

治性立法也充分吸收了民间规范，比起自治州（市）的自治性法规来说，更能体现地方性特色且适用性更高。

第二节　民间规范在乡村治理中的合理适用

民间规范在乡村治理中的作用不可忽视，充分发挥着它的价值和功能，可以推进民间规范与国家法律相适应、相调和。应当注意的是，民间规范是一个集合性的概念，包括习惯法、善良风俗、公共秩序以及村规民约等多个方面的内容。国家法对于不同民间规范的调试方式不同，因此必须针对不同情况进行探讨，才能充分发挥民间规范对于国家法的补充作用以及在乡村治理中的效能。

一　"习惯法"在乡村治理中的合理适用

2020年5月通过的《中华人民共和国民法典》把习惯作为法的基本渊源，意味着"国家法"已经正式确认和接纳"习惯法"这个典型的民间规范。习惯法是治理乡村社会的一种本土资源，得到了民众的普遍认可和自觉遵守，在解决矛盾纠纷和维护乡村秩序中发挥了重要的作用。譬如，海南省的黎族习惯法中有一种世代流传的"拜贡"制度。[①] 村民将需要卖出的物品在路边摆个小摊，随即回家劳作，购买者只需将钱款放在旁边的小篮子里就能完成交易，这种买卖方式体现了诚实信用的善良风俗，同时能

---

① "拜贡"是海南黎族群众一种原始的交易方式，黎族村寨的村民把家中多余的瓜果蔬菜摆放在村口，傍晚村民农忙回来再取回家。由于民风淳朴，农副产品和小件物品的买卖不需要看管，行人自取，零钱放入小篓。

够变废为宝，补贴家用。村寨是村民们"生于斯，长于斯，死于斯"的地方，村民们常常是"低头不见抬头见"，因此遇到问题时，首先选择的是通过调解等途径解决矛盾。高成本的诉讼程序并非他们的最佳选择，因为打官司不仅程序复杂，需要投入大量的时间和精力，有时还会加剧双方之间的矛盾，不能从根本上解决问题。从以上论述来看，在乡村治理的过程中应适当发挥习惯法的作用。主要可以从以下五个方面适用习惯法。第一，每个自然人都有自身的行为习惯或行为方式，但这种习惯从根本上来说不具有法的本质含义。《民法典》第 10 条、第 140 条、第 142 条中有关于"习惯"的规定。习惯的适用以法律没有明文规定为前提，不违反公序良俗，并且在实践中得到当事人的许可或默认。第二，"习惯法"具有显著的传统性、地域性，因此，要区分各地域、各领域的习惯，判断其适用的范围。第三，当法律没有具体规定时，在不违背国家法的基本原则和精神的前提下，用"习惯法"填补法律漏洞，弥补成文法的不足。与国家法对人们行为的外化强制力不同，习惯通过道德伦理对人们的行为起着内化强制作用。第四，在司法实践中注意发挥习惯对成文法的拾遗补阙作用，在民间调解、行政调解和判决以及民事活动的简易审判中，尽可能尊重当事人的意思自治，适用习惯法解决纠纷和处理矛盾。[①] 第五，法院应当按照以下原则适用习惯法：一是法律有具体规定的情况下，优先适用国家法；二是没有法律规定的情况下，补充适用习惯法；三是成文法明确"有习惯法规定的"，必须优先适用习惯法；四是双方当事人可以通过协议选择适用习惯法的规定；五是谁主张适用习惯法，谁进行举证，并且不得与国

[①] 周林彬、蔡文静：《社会治理角度下的民间规范与地方立法》，《甘肃社会科学》2018 年第 1 期。

家法的基本规定和原则相冲突。① 在适用习惯法的过程中，各级政府应当注意以下几点：一要注重吸收民间规范中的有益成分，发挥民间智慧在乡村治理中的功能；二要注意对"新乡贤"的解读要符合法律规定，激活乡贤在乡村事务中的调节作用；三要重视在调解过程中发挥各界人士的积极作用。

二　公序良俗在乡村治理中的合理适用

《中华人民共和国民法典》规定了公序良俗原则，即在民事活动中当事人的行为应当符合公共秩序和善良风俗的要求。公序良俗作为重要的民间规范，对民众的行为起着重要的引导作用。从概念上来看，"公序"指的是维护国家、集体和人民的根本利益，整个社会形成良好的公共秩序；"良俗"指的是人们的行为规范符合道德伦理的要求。② 在中国法律体系中，"公序良俗"的概念首先出现在《全国人大常委会关于〈中华人民共和国民法通则〉第99条第1款、〈中华人民共和国婚姻〉第22条的解释》当中，这一法律解释提出了公民的姓名权涉及"公序良俗"。随后最高人民法院在2015年《关于审理民间借贷案件适用法律若干问题的规定》第14条，《关于适用〈中华人民共和国民事诉讼法〉的解释》第106条的"司法解释"中，又使用了"公序良俗"概念。现行《民法典》中，共有8处使用了"公序良俗"概念。③

---

① 宋才发：《习惯法在乡村治理中的法治功能探讨》，《广西民族研究》2020年第2期。
② 王利民主编：《民法总论》，中国人民大学出版社2012年版，第57—58页。
③ 《中华人民共和国民法典》于2020年5月28日，在十三届全国人大第三次会议上通过，自2021年1月1日起施行。

表 2–2　　　　《民法典》对"公序良俗"的使用条款

第 8 条	民事主体从事民事活动，不得违反法律，不得违背公序良俗。
第 10 条	处理民事纠纷，应当依照法律；法律没有规定的，可以适用习惯，但是不得违背公序良俗。
第 143 条	具备下列条件的民事法律行为有效： （一）行为人具有相应的民事行为能力； （二）意思表示真实； （三）不违反法律、行政法规的强制性规定，不违背公序良俗。
第 153 条	违反法律、行政法规的强制性规定的民事法律行为无效。但是，该强制性规定不导致该民事法律行为无效的除外。 违背公序良俗的民事法律行为无效。
第 979 条	管理人没有法定的或者约定的义务，为避免他人利益受损失而管理他人事务的，可以请求受益人偿还因管理事务而支出的必要费用；管理人因管理事务受到损失的，可以请求受益人给予适当补偿。 管理事务不符合受益人真实意思的，管理人不享有前款规定的权利；但是，受益人的真实意思违反法律或者违背公序良俗的除外。
第 1012 条	自然人享有姓名权，有权依法决定、使用、变更或者许可他人使用自己的姓名，但是不得违背公序良俗。
第 1015 条	自然人应当随父姓或者母姓，但是有下列情形之一的，可以在父姓和母姓之外选取姓氏： （一）选取其他直系长辈血亲的姓氏； （二）因由法定扶养人以外的人扶养而选取扶养人姓氏； （三）有不违背公序良俗的其他正当理由。 少数民族自然人的姓氏可以遵从本民族的文化传统和风俗习惯。

续表

第1026条	认定行为人是否尽到前条第二项规定的合理核实义务，应当考虑下列因素： （一）内容来源的可信度； （二）对明显可能引发争议的内容是否进行了必要的调查； （三）内容的时限性； （四）内容与公序良俗的关联性； （五）受害人名誉受贬损的可能性； （六）核实能力和核实成本。

资料来源：现行《民法典》。

其次，善良风俗一般指的是全体成员从内心普遍认可并在社会生活中自觉遵守的公共道德。中国多部法律中都强调了社会主体在从事民事、商事、贸易等活动过程中，不能违反法律和行政法规的规定，尊重社会公德，维护公共秩序，不得损害社会公共利益以及他人的合法权益，如2009年修订的《民法通则》第7条、1999年修订的《合同法》第7条和2007年出台的《物权法》第7条，这些条文虽然没有明确使用"公序良俗"这一用语，但是已经暗含了"公序良俗"的基本原则精神。

表2-3 "公序良俗"基本原则在原《民法通则》《合同法》《物权法》中的体现

2009年《民法通则》第七条	民事活动应当尊重社会公德，不得损害社会公共利益，扰乱社会经济秩序。
1999年修订的《合同法》第七条	当事人订立、履行合同，应当遵守法律、行政法规，尊重社会公德，不得扰乱社会经济秩序，损害社会公共利益。
2007年出台的《物权法》第七条	物权的取得和行使，应当遵守法律，尊重社会公德，不得损害公共利益和他人合法权益。

由此可见，将《民法典》第 8 条和第 10 条的规定概括理解为公序良俗原则具有正当性基础。譬如，"公序"可以解释为"社会经济秩序"和"社会公共利益"，与国外民法典中的公共秩序含义相近；"良俗"可以解释为社会公共道德和基本伦理，类似于国外民法典中善良风俗的含义。此外，《民法典》第 8 条规定："民事主体从事民事活动，不得违反法律，不得违背公序良俗。"这一条款可作为公序良俗的正式法源。

最后，从公序良俗的根本目的和价值来看，它的功效主要在于三点，一是对传统习惯法进行调节和控制，二是对法律行为的效力进行判断，三是在国家法律"禁止性"规定不足的情况下，约束和限制社会主体的某些行为，避免滥用"私法自治原则"的情况出现。[1]

《民法典》第 10 条规定："处理民事纠纷，应当依照法律；法律没有规定的，可以适用习惯，但是不得违背公序良俗。"[2] 秩序在人类社会的基本运行和发展中发挥着重要的保障作用，其中，既包括"社会秩序"，也包括"自然秩序"，若没有稳定有序的社会环境，人们的生活就会陷入一片混乱。民事活动强调当事人的意思自治，但是民事主体行使权利仍然受到一定的限制，例如，民事法律中规定了民事主体从事民事活动时不得违背社会公德、不得损害他人合法权益、不得违反公序良俗等。社会是不断发展的，人们的观念和需求也是不断变化的，因此公序良俗的内涵也在随着时代的发展而改变。实事求是地说，公序良俗的概念并非具体明确、一成不变，而是具有一定广泛性和抽象性的，正是它所具有的这种特性，

---

[1] 宋才发：《公序良俗在维系乡村秩序中的法治功能》，《中南民族大学学报》（人文社会科学版）2021 年第 5 期。

[2] 《中华人民共和国民法典》于 2020 年 5 月 28 日，在十三届全国人大第三次会议上通过，自 2021 年 1 月 1 日起施行。

为法官在审判活动中留下了自由裁量的空间。正如李双元和温世扬所言："公序良俗的调整机能，由确保社会正义和伦理秩序向调节当事人之间的利益关系、确保市场交易的公正性转变，从而使法院不仅从行为本身，而且结合行为的有关情势综合判断其是否具有反公序良俗性。"[1] 公序良俗原则在司法实践中具有独特的法治功能和价值，即法官在审判过程中只需依据社会整体的道德伦理和价值观念判断某一行为是否违背了该原则，而无须考虑当事人的主观认识。因此，为了促进民事法律更好地实现国家的价值目标、维护社会公共秩序、保障公民合法权益，必须把国家法的规范性和强制性与习惯法的引导性和补充性有机结合起来。

三　乡（村）规民约在乡村治理中的合理适用

乡规民约作为一种民间规范，得到乡村群众的普遍接受和认可，对人们的行为起着指引和约束作用。《辞海》认为："村规民约是一种非正式制度，其在执行过程中依靠的是自发和自愿，不具备法律约束力。"[2] 中国法律首次提出"村规民约"的概念是在1987年开始试行的《村民委员会组织法》中，随后，在2010年以及2018年的修改中，仍然保留了"村规民约"这一用语。乡规民约是由村民共同商议而制定的，目的在于处理乡村事务、调解民间纠纷，维护乡村治安，从而推动乡村社会的稳定发展，无论是过去、现在还是将来，都是需要乡村民众共同遵守的一种行为规范。从本质上来说，中国历史上的乡规民约形式上是民众自我管理、自我约束的道德规范，实际上是为了维护统治者的利益。新中国成立

---

[1] 李双元、温世扬主编：《比较民法学》，武汉大学出版社2016年版，第70页。
[2] 余婷、杨昌儒、周真刚：《乡村治理视角下民族地区村规民约的完善路径》，《贵州民族研究》2019年第5期。

以后，乡规民约开始真正回归"源于百姓、服务百姓"的定位。中国宪法第 24 条规定："国家通过普及理想教育、道德教育、文化教育、纪律和法制教育，通过在城乡不同范围的群众中制定和执行各种守则、公约，加强社会主义精神文明的建设。"[1] 乡规民约是当地居民及自治组织"自愿履行、自我约束、自我管理"的一种约定俗成的民间公约。譬如，当下乡规民约的制定过程大致如下：村民们在原有的规范上进行讨论，提出意见和建议，经过多次商议，最终由村民自治组织决定和公布。乡规民约一经公布，便成为村民必须遵守的行为准则，它的有效实现，可以辅助法律共同治理乡村社会。

当代中国农村正处于一个急剧变革的时期。首先，农村当下正在进行新型城镇化改革，从原先的乡村聚居地向小城镇方向发展，乡土社会日益萎缩，农民的生活方式由"熟人社会"转向"半熟人社会"，甚至趋向于"陌生人社会"，乡土社会中的乡规民约在推进城镇化过程中面临严峻的挑战。其次，农民生活受市场化的驱动，世代与土地打交道的农民进城务工，相当一部分已经融入城市生活中，城乡人口差距不断缩小。[2] 流动中的农民更多地受流动社会的统一规则支配，崇尚人脉亲情的乡规民约受到市场经济的冲击，面临谨守传统还是变革图新的抉择。最后，农业生产受工业化和信息化的叠加冲击，村办经济、家庭承包经营户的反应和应对还不够灵敏。传统乡规民约难于坚守固有领地，不得不随着社会变革而有所改变。伴随农村社会的急剧变迁和现代转型，出现大量新情况新问题，如农村发展不平衡，扶贫攻坚的情况还比较严峻，农民

---

[1] 《中华人民共和国宪法》，法律出版社 2019 年版，第 5 页。
[2] 罗兴佐：《过渡型社会与乡村治理现代化》，《华南农业大学学报》（社会科学版）2021 年第 2 期。

价值观念多元化、行为方式多样化，社会关系的调整日益困难等。[①] 高速发展期和重大转型期的各类新问题就像自然界的碰头潮，若处理不当，就会造成长期伤害。根植于传统乡土社会的乡规民约是否仍具价值？有何价值？现代乡规民约如何应对现代化，实现在当代的转化？在当下中国"四个全面"建设的关键时期，这些问题难以回避而且理应回答。

当下，村民自治实践需要乡规民约强势"入场"。中国宪法规定农村实行村民自治，为农村民主治理预留下发展空间。提高乡村治理水平是全面深化改革的重要组成部分，当国家权力适当退出乡村社会治理，将会面临一系列的问题，例如：村级公共事务管理的依据何在？村集体的土地和资产如何经营和分配？村民的行为如何规范？公共秩序和安全如何维护？如何避免"村民自治"异化为"村官治村"？又如何有效监督和约束村官自利行为？乡规民约是实现村民自治的重要制度保障，回答这些问题，需要发挥乡规民约的积极作用。

乡规民约在村民自治实践中的实效未能达到预期效果。现有的乡规民约在制定和实施过程中还不能满足时代发展的需要。如乡规民约"上墙"有余而"入心"不足，没有得到有效贯彻执行；或是无限扩大乡规民约的效力与作用，规避、抗拒甚至违背国家法律；乡规民约的运行缺乏有效监督，一些违法的乡规民约没有得到及时纠正。[②] 乡规民约规范制定和具体运行的机制并非完美无缺，与群众的期待尚有差距，必须不断加以完善。

在乡村社会里，每一个村寨就是一个小的集体，乡规民约是乡

[①] 杨列全：《中国现代化进程中的农村社会变迁特点及认识》，《南京工程学院学报》（社会科学版）2016年第1期。

[②] 于彩霞：《中国村规民约问题研究》，硕士学位论文，辽宁师范大学，2020年。

村社会成员共同意志的产物，作为国家法之外的一种社会规范，利于维护乡村社会秩序的稳定。制定乡规民约是村民的内部事务，乡村民众对自己制定的乡规民约认可度和接纳度更高，在社会实践中往往能够自觉遵守，从而充分发挥乡规民约的效用。当下中国的乡规民约既有成文的，也有不成文的，更多的是村民之间口头相传的规矩。这些乡规民约既是村民们心目中的"合理制度"，也是创新乡村治理的有效载体。乡规民约的制定不仅是一种自上而下的过程，更是一种自下而上的过程，乡村民众共同讨论、共同制定、共同遵守，是村民进行自我管理、自我教育、自我服务的有效方式，充分体现了基层治理的群众性、民主性和法治性。若要发挥乡规民约在乡村治理中的积极作用，当地政府需要进行适当的管理，指导和帮助乡规民约的制定和修改，但不能以命令的方式强行制定某种规则，对违反乡规民约的村民，在合法合理的范围内进行批评、教育、处罚，引导他们遵守相关的规定。[①] 中国正在实施乡村振兴战略，在这一背景之下，为了推动农村现代化和乡村治理法治化发展，必须进行法制宣传和教育，让村民学会运用法律手段维护自己的合法权益，此外，还需重视乡规民约在治理乡村和解决纠纷中的积极作用，发挥乡规民约对法律的拾遗补阙作用。

第三节 自治立法中的民间规范

民间规范与国家法一样，产生于人类生活，并且维护着社会生活的和谐与稳定，两者有着共同的法源基础。将民间规范的某些规则运用到民族自治地方立法中，从而上升到法律层面，实现民间规

[①] 宋才发、刘伟：《发挥乡规民约在乡村治理中的法治作用》，《河北法学》2020 年第 6 期。

范的法定性、规则性和统一性,有利于地方立法与民间规范的有机结合。民间规范有利于实现地方立法的目标,如落实民族区域自治地方的自治权、保障个人权利、维护社会利益等,并且为地方立法提供了价值引领。同时,民间规范可以为地方立法提供本土资源,发挥补充法律漏洞、节约司法成本的功能,实现法律逻辑与社会实践的一体化发展。

一 自治立法中的民间规范的类型

(一) 授权性规范

授权性规范是指国家机关、社会团体或个人有权选择为一定行为或者不为一定行为的规范,即有选择的自由。例如,《黔东南州自治条例(修订案草案)》第53条关于民族医药的规定,自治州加强对中医、民族传统医药的发掘、研究和应用,发展民族医药业。对自治州认证合格的苗医侗医等师承人员,允许在自治州行政区域内登记注册的执业地点从事相应的医疗活动。这条规范就授权合格的医师及师承人员可以在执业地从事医疗活动,将非法行医的行为变为合法行医,有利于当地的卫生医疗事业发展。所谓的"自治州认证合格",是指《黔东南苗族侗族自治州苗医药侗医药发展条例》第21条规定,自治州人民政府卫生和计划生育行政主管部门应当会同人事和社会保障行政主管部门,根据本行政区域民族医药事业发展的需要,组织未取得从业资格的苗医侗医师承人员或者确有专长的苗医侗医人员,进行以临床效果和工作实践为主的专门培训,经考试合格后,发给乡村医生执业证书,允许在自治州行政区域内的乡村基层卫生医疗机构从事相应的医疗活动。

(二) 义务性规范

义务性规范即规定某个主体必须做出一定行为的规范。例如,《黔东南苗族侗族自治州农村消防条例》第11条规定,村民委会、居民委员会应当制定消防公约和建立健全消防档案。该条规则是一种强制性的规定，为村民委员会和居民委员会设定了一定的义务，但并未干涉基层群众自治。原因在于黔东南地区特殊的建筑结构。黔东南州地区的连片村寨有近4000个，每个村寨约有50户居民，为了保障该地区的消防安全，政府在几年内对村寨的水道、电路、房屋、厨房等进行改革，由此可见，这种义务性规范的规定与实施，关系到居民的生产生活安全，必须落实到位。

(三) 禁止性规范

禁止性规范即禁止某个主体实行某种行为的规范。例如，《黔东南州生态环境保护条例》第38条规定，各级人民政府对珍稀、濒危野生动物和野生植物实行重点保护，公布保护目录。禁止猎捕、杀害、贩卖国家一级保护野生动物和国家二级保护野生动物。禁止砍伐、采集、破坏国家一级保护野生植物和国家二级保护野生植物。对于禁止性规范，一般会在单行条例的"法律责任"部分规定具体的法律后果或惩戒措施，如《黔东南州生态环境保护条例》第57条规定，违反本条例第38条第3款规定的，由县级以上人民政府林业行政主管部门责令停止违法行为，没收所采集的野生植物和违法所得，可以并处违法所得10倍以下的罚款。禁止性规范的目的一般在于规范人们的行为并对违反规定的行为进行惩罚。

二 自治立法中的民间规范体现的"当地民族的政治特点"

《黔东南州自治条例（修订案草案）》第七章"法治建设"第59条规定，鼓励和支持民间契约、村规民约在不与国家法律法规和社会道德相违背的情况下，发挥其对社会秩序的调整、规范作用。引导和支持苗学会、侗学会以及寨老、鼓藏头、侗款等社会组织和民间团体、人士依法依规参与民族民间矛盾纠纷调解，推进民族团结与社会和谐。理老、寨老制度是苗族地区的传统制度之一，由村民推选德高望重的男性老人担任理老、寨老，当村民之间产生矛盾纠纷时，由理老、寨老出面调解，双方在他们的主持之下能够顺利地解决问题。理老、寨老是苗族人心中的精神领袖，具有很高的威望和话语权，不仅能够息纷止争，还能维护苗族的内部秩序。此外，理老、寨老制度的存在还能使苗族人紧密团结，具有强大的凝聚力，共同推动当地社会的进步和发展，这种制度发挥的力量，难以被法律取代。然而，随着国家法律的推行，理老、寨老制度的作用逐渐减弱，但并未消亡，而是以一种新的形式参与到苗族地区的纠纷解决当中，即老年协会。老年协会的成员对苗族传统的风俗习惯、社会文化等较为了解，因此能够及时快速地出面解决问题，调处纠纷，这对维护社会秩序、缓和矛盾冲突起到了不可替代的作用，在解决民间纠纷中扮演了重要的角色。

老年协会的职能包括两方面：一是对外职能，即参与制定村规民约、维护社会治安和日常生活秩序、处理老年人事务、调解民间纠纷等；二是对内职能，即制定内部组织成员的行为规范，对内部成员进行管理和约束，性质上类似于国家法律当中的组织法。老年协会解决纠纷的方式和类型与理老、寨老制度相似，一般通过劝说、调解、说理等方式处理婚姻纠纷、田地纠纷、邻里纠纷、老年人权益纠纷等问题，在维护集体关系、化解民间纠纷上的作用日益凸显，一定程度上减轻了司法机关、行政机关的工作压力。例如，江西某些乡村深处密林，房屋也全是木质建筑，为了避免发生火灾，有的村庄规定如果违反村规民约的要求，发生或者可能发生严重的安全事故，就按照4个"120"进行处理。曾经有户人家因违规用电引发大火，对周围居民的人身安全、财产安全造成了威胁，随即按照4个"120"的规定对其进行了处罚，虽然该房主通过挂白旗等方式进行抗议，但是老年协会通过协商讨论认为既定的村规民约不可违背，必须按照要求进行处罚，但是可以对该房主维修房屋的费用进行一定补偿。可见，村规民约在处理乡村日常事务中发挥着重要的作用，即使有外在原因，也不能打破原有的规定。

三 自治立法中的民间规范体现的"当地民族的文化特点"

《黔东南州自治条例（修订案草案）》第八章第 60 条规定，自治州内各民族互相尊重、互相帮助、和睦相处，共同维护国家统一和民族团结。自治州的自治机关在处理涉及本行政区域内各民族的特殊问题的时候，必须与他们的代表充分协商，尊重他们的意见。《黔东南苗族侗族自治州民族文化村寨保护条例》作为一个单行条例，对民族文化村寨保护作出了变通规定，如第 3 条明确规定，"县级以上人民政府应当把民族文化村寨的规划、保护、建设、管理和利用纳入本级国民经济和社会发展规划"。《条例》还规定，"民族文化村寨坚持保护为主、抢救第一、科学规划、合理利用、政府主导、社会参与的原则"。这一规定首次明确了对于民族文化村寨的保护所应遵循的原则。特别是《条例》第 12 条规定了必须尊重当地群众的主体地位，坚持公众参与的原则，即"民族文化村寨的规划、建设、保护、管理和利用，应当尊重群众的意愿，维护当地群众的利益"。这些条例都是根据当地的文化特点进行制定的。此外，在《黔东南苗族侗族自治州农村消防条例》中，以保护民族特色文化村寨为主要原则，制定了一系列消防安全措施，如第 11 条规定，"村民委员会、居民委员会应当制订消防公约和建立健全消防档案"；第 13 条明确规定，"名胜古迹、文物保护单位、民族文化村镇和旅游景点的保护、改造和维修应当符合所在地消防规划"；第 14 条规定："各级人民政府及公安、建设、水利、国土、林业、供电等有关行政主管部门和单位应当按职责对农村消防基础设施建设进行指导、帮助、提供服务。"由此可见，黔东南州根据其实际的建筑情况，在保护特色文化村寨的基础上规定相关的农村消防安全措施具有可行性。

四 对自治立法中的民间规范的思考

(一) 自治立法中的民间规范的价值

1. 回归地方立法的本质

地方立法的根本目的在于解决社会运行发展过程中的问题，缓解社会矛盾，促进经济、社会稳定有序发展，同时将中央立法的规定在地方贯彻执行。许多民间规范只是在特定的区域内具有执行力，但在全国范围内没有普遍效力，因此，民间规范上升为国家法有利于提高其普遍适用性，凸显地方立法的特色和功能，同时也是法律发展的常态化。在地方立法中引入民间规范不仅顺应了民族自治地方的时代发展，满足了当地的特殊需求，更体现了法律对于实际生活的回应。

2. 传承少数民族传统文化

2014年11月11日公布了第四批国家级非物质文化遗产代表性项目，将侗族款约X-142纳入了项目名录，这一事件标志着少数民族习惯法得到了新的确认，国家对民族习惯法的保护上升到了新的高度，具有划时代的意义。这不仅肯定了少数民族习惯法的独特价值，更是为其传承和保护提供了重要依据。与此同时，为了支持相关的传承和保护活动，国家将会评定代表性传承人参与该项目。此外，这一事件的重要意义还在于起到了一定的示范效应，意味着未来或许会有更多的习惯法被纳入非物质文化遗产保护中，习惯法的独特价值和功能会得到更多的关注、保护和传承，被地方立法吸纳的可能性更高。

(二) 自治立法中的民间规范的危机

1. 自治性立法与地方性法规之间的关系不明确

具体来说，少数民族地区的经济、政治、文化特点与当地实际情况的关系模糊不清、不易区分，因此在少数民族自治地区立法时，究竟是进行"地方立法"还是"自治性立法"，难以作出抉择。实践中，自治区大多选择制定地方性法规的立法程序，因其制定过程和程序相较于自治性立法更为便捷。而在自治州，由于获得地方性法规立法权的时间较短，具体的实际情况还处于观察之中，地方立法与自治性立法的选择冲突尚不明显。

◀ 规约习俗（侗族款约）▶

项目序号：1217	项目编号：X-142
公布时间：2014（第四批）	类别：民俗
所属地区：贵州省	类型：扩展项目
申报地区或单位：贵州省黎平县	保护单位：黎平县文化馆

图 2-1 侗族款约 X-142 项目情况

资料来源：中国非物质文化遗产网（https://www.ihchina.cn/project_details/15312/）。

2. 民间规范上升为自治性立法的路径不畅

中央立法除了吸纳民间规范的某些内容以外，还应当将尊重民间规范作为基本原则之一，从而为民间规范的运用提供指引，尤其是涉及公共资源的占用与使用等方面时更应发挥基本原则的引领作用。通过基本原则作出原则性规定的原因在于民间规范的内容千差万别，难以进行统一具体的立法规定，进行原则性规定有利于降低立法难度，充分发挥民间规范的功效。例如，1989年国际劳工组织《土著和部落民族公约》第13条规定："（一）在适用本公约本部分的规定时，政府应尊重土著人在他们所占有或利用的土地或领地关系方面的文化和精神价值特殊重要性，特别是这种关系的集体性质。"第 15 条规定，应特别保障有关人民对附着于其土地上的自然资源的权利，这些权利包括这些人民参与利用、管理和保护此类资源的权利。虽然以上的规定不适用于中国，但是其中对于权利保护的制度理念对中国具有重要的借鉴意义，为中国尊重民间规范提供了一定的指引作用。地方立法在中国的法律体系中占据了较大的比重，不同地方立法对于民间规范的态度和适用也有所不同，因此，尊重民间规范的精神理念更应在地方立法中得到贯彻。例如，1997 年《广东省散居少数民族权益保障条例》第 11 条规定，在民族乡从事森林、水力、矿产等资源开发的企事业单位和个人，在同等条件下，应当优先招收或者录用当地少数民族人员，并从企业或者项目年税后利润中提取 5%—10% 给民族乡政府，用于发展当地经济和安排群众生产、生活。这一规定内容明确、要求具体，具有较强的可操作性，是地方立法中保护民间规范和传统习俗的典范之一。1999 年 11 月 28 日的《广西壮族自治区水利水电工程移民安置条例（草案）》（第七讨论稿）第 10 条第 2 款规定，因水利水电工程建设迁移而改变生产方式和生活方式的少数民族移民，可以提高土地补偿费和安置补偿费。第 19 条第 2 款规定，少数民族移民有要求保持和发展民族传统文化的权利。第 20 条第 2 款规定，移民有优先获得工程受益的权利。以上规定都是民间规范对于资源使用要求的规定，在立法中得到了确认，对补偿标准和措施作出了具体规定，既保护了民间规范的传统文化习俗，又保障了当地社会秩序的稳定。

（三）民间规范进入民族自治地方立法的展望

随着现代社会的发展，民间规范的适用在实践中也出现了困境。一方面，现代社会对于传统的传承方式已经发生了改变，民间规范的表达、运用以及秩序逻辑受到了一定的影响。例如，贵阳市乌当新堡布依族自治乡以前的火羊节祭祀活动必须遵守严格的祭祀仪式，有着一定的禁忌规则，影响着人们的精神和行为，是当地的重大活动之一，但是到了现在，祭祀活动中蕴含的意义已经消逝，规则意识逐渐淡化，成为一种单纯的节日庆祝活动。再如，苗族地区的理老和寨老制度在调解民间纠纷中发挥着重要的作用，但如今只是通过劝诫、传唱的形式对人们的行为进行引导，调处息纷的功能逐渐消失，理老、寨老制度慢慢成为一种"非遗"文化。另一方面，民间规范具有很强的自发性，内容相对粗糙简略，没有具体细致的规定，更多的是原则性、向导性的规则，以此对村民的行为进行指引。例如，黔东南侗族村寨，规定违反生育的女性"不允许参加寨子里的集体活动，不能共用公共财物，不能与人交往，子女不得于本村嫁娶"，但是这种规范的惩罚内容较为模糊，难以落到实处并进行监督，不能真正起到处罚的作用。

　　社会生活变化万千，具有多元性，乡土地区的社会关系也逐渐变得复杂，面对这样的变化，需要更为细致明确、科学规范的规则条款对人们的行为进行约束，维护乡村地区的生活秩序，以契合社会的运行发展。仅仅依靠法律应对千变万化的现实生活，难以实现社会的发展进步，但是民间规范毕竟只是一种自发性的规则，要想充分发挥其作用功能、弥补法律漏洞，仍需通过立法手段对其进行确认，使之具有正式地位。因此，地方立法机关应当在尊重国家法的基本原则精神以及宪法规定的情况下，发挥积极性、主动性和创造性，依据当地的具体实际情况，选择性吸收民间规范的部分内容，以立法形式正式确认民间规范，并通过解释、阐明等手段对其进行新的适用，这不仅是国家法注重联系实际的体现，也是民间规范成文化、正式化的过程。

第三章

民间规范进入地方立法的必要性和可行性

关于民间规范与地方立法的协作与整合,世界范围内产生过许多具有深刻意义的观点。萨维尼指出,"习惯法是民族意志的直接表现,习惯法是从具体民族的习俗和信仰发展而来,而非抽象人类习性的表达,所以法律的转变只能是民族性的,只能是缓慢的,民俗习惯构成了法律变革的基础";萨姆纳提出,"法律不能改变习俗""法不能改变习惯""法必须与习惯相适应","立法必须在原有道德中寻找立足点,必须与道德相一致。法律、道德、宗教、哲学都是习俗的产物,它们不能独立存在,而是深深植根于社会发展过程中。当法律达到准备从习俗、道德中分离出来的程度时,法律的社会基础性和权威性便会削弱,背离习俗、道德的法律就好像一堆废纸。如果任何人企图制定和执行与习俗、道德相反的法律,这种法律肯定是行不通的";而边沁对此持有不同观点,认为法律改革可以改变社会结构变化后的习惯法。[①]

此外,美国法人类学家鲍哈那主张,习惯可以由法改变,习惯

---

① 参见范愉《试论民间社会规范与国家法的统一适用》,载谢晖、陈金钊主编《民间法》,山东人民出版社2002年版,第107页。

的再制度化即是法律,"法律在习惯面前并不是完全被动的,法律是习惯的再制度化,法律不是仅仅重复着的习惯,从习惯到法律是一种质的升华,习惯在维持前文明社会的社会秩序中是有效的,但随着社会条件的变化,习惯也会慢慢发生改变。当依靠习惯日益无能为力时,法的发展成为必要。法使民间规范再制度化,它使民间规范更准确"①。

第一节　民间规范进入地方立法的学理基础

与具有普遍理性特征的国家层面立法相区别,许多地方立法和民间规范立足于本地的乡土民情,基于本地的社会文化,都具有地方特色,属于"地方性知识",通常调整特定地区的社会关系和社会利益。因此,在理论上,地方立法与民间规范能够进行有效协同协作。而事实上,由于社会文化环境相同,面对和解决的复杂关系和利益纠纷也相同,地方立法成为国家法层面上与民间规范关系最为紧密的法。因此,实现民间规范与国家法的良性互动与协作,应加强与地方立法的互动交流,通过强化地方立法吸收民间规范中符合本地乡土民情的相关内容,将民间规范的内核与精神融入国家法体系,为解决社会关系和利益纠纷提供广泛思路,实现两种社会规则体系的和谐共存和有序发展。②

一　民间规范促进地方立法的科学性

对于立法的形式,通常来说有两种形式的立法:一是制定新规

---

① 田成有:《乡土社会中的民间法》,法律出版社2005年版,第209页。
② 李福林:《论民间规范和地方立法的互动与融合》,《政法学刊》2020年第2期。

则,二是承认现有规则。然而,从近年中国地方立法实践角度研究发现,立法者多注重直接依据法理制定新规则,从而形成看起来科学、有效、先进、完善的法律,而对于延续多年并在现实生活中深入人心且有持续生命力的民间规范却遭遇被忽视的命运,一些立法工作没有经过充分的调研和论证,在未对现有的民间规范充分了解的情况下,直接运用一套全新的社会治理规则来进行社会管理。在此背景下,尽管民间规范在立法工作中被忽视,也未被国家法律吸收,却依然因其实用性与适应性在民间表现出旺盛的生命力,其治理效果并不比国家法逊色,在国家法律之外依然作为行为准则规范人们的行为,维护社会生活秩序,甚至与国家法律同时调整同样的社会问题、解决社会纠纷和矛盾。[①] 因此,为充分坚持和贯彻发展中国特色社会主义法律体系,需要反思和调整这种立法模式和倾向,正如有学者指出的那样,"我们更热衷于从现代西方国家移植借鉴成熟的经验,而从社会习惯及其他规范中产生或认可规则的可能性已经微乎其微"[②]。立法者应真正体现和代表着本民族精神,在立法中要认真研究和了解人民群众的实际生活和本土风俗习惯及乡土人情,传承与发展那些广泛使用的民间规范内容,及时将符合公序良俗的内容纳入国家法体系,将与国家法律相融合、相适应及有利于民间和谐稳定的内容,及时反映到地方立法中,供国家立法参考,尽可能纳入国家法律体系,以充分完善和衔接国家法与民间规范,只有在制定地方法时充分重视、研究民间规范,才能制定出符合中国国情的法,符合社会基本现实,而不会导致有法律规定而无治理效能的法治虚假繁荣现象。

[①] 田成有:《乡土社会中的民间法》,法律出版社 2005 年版,第 209 页。
[②] 范愉:《试论民间社会规范与国家法的统一适用》,载谢晖、陈金钊主编《民间法》第一卷,山东人民出版社 2002 年版,第 107 页。

地方立法的产生与发展，与国家法律无法兼容到不同地区和渗透到不同领域的实际情况相关，它是"地方性知识"在立法上的具体体现。地方立法必须根本立足于地方本土，将人民群众所熟知和运用的生活逻辑、生活习惯及当地的风俗文化加以充分吸收和内化，并通过各种立法技术将现代法治的内容如自由、平等、民主，融合民间规范，逐步渗透到人们的生产与生活中，通过尊法、用法，提高公民守法意识，发挥"科学立法"的精神。勒内·达维德指出："为了使法律家喻户晓，常常需要习惯作为补充，因为立法者所用的概念要求借助习惯予以阐明。"[1] 不难想象，若法律逐渐远离人民，远离物质基础，远离其所维护的人民根本利益与人民基本权利，远离其所巩固的社会稳定和社会发展，法律就可能随之丧失其维护社会基础和国家权威的固有属性，而统治者所颁布的法律可能会因此而逐步失去治理效能与社会作用，这也是萨姆纳倡导的立法必须立足于本土，必须充分重视民意。[2]

二 民间规范促进地方立法的民主性

民主是现代社会演进的重要原则，是近现代法治国家的象征，国家立法工作的方方面面都必须充分体现民主，国家法的各项内容必须符合民主的要求。在建设现代法治国家、推进全面依法治国的过程中，在全面深化改革、完善社会主义法治体系的时代大背景下，立法的民主性是实现民主政治、保障公民基本权利的基本要求和具体体现。因此，除了主动研究和借鉴民间规范中与当前国情和国家法相适应的有关内容外，地方立法本身也必须重视民意，积极

---

[1] ［法］勒内·达维德：《当代主要法律体系》，漆竹生译，上海译文出版社1984年版，第487页。

[2] ［英］罗杰·科特维尔：《法律社会学导论》，潘大松等译，华夏出版社1989年版，第22页。

向社会和人民群众开放，允许、鼓励和帮助公众通过多途径多渠道参与到地方立法的各个环节，确保地方立法充分吸纳民意、体现民情，从而强化地方立法的社会认同，体现"民主立法"精神。中华文明博大精深，数千年的文化底蕴和法律发展过程中，"法藏官府，威严莫测"始终是封建王朝政治制度的基本特征，这一特征或多或少可能也会渗透到现在的地方立法之中。① 大部分地方立法在制定之初就会受限于国家或者相关部门的意见和态度，一定程度上会失去自主权，甚至成为部门利益的传声筒和发声器。在此过程中，大众也无法接触和参与立法，甚至无从知晓，影响了地方立法的民主性和科学性。受历史文化背景的影响和传统观念的束缚，一些行政管理者的集权意识根深蒂固，无法迅速根除。

立法理念直接影响立法质量。为维护和保障人民群众的基本权利和根本利益，适应时代发展和社会进步，切实解决社会矛盾纠纷，国家开展了各项立法活动，出台了各种法律法规。为避免立法演变为一场完全封闭的"权力博弈"，确保法律能够发挥其真正的功效，必须创新并完善立法的基本理念和形式，完善立法体系，优化立法程序，尽可能将公众引入立法过程，建立良好畅通的意见表达和反馈渠道，做好前期调研工作，加大宣传引导力度，培养人们参与立法工作的意识和兴趣，确保民众参与立法过程，确保立法的民主性，充分反映民意。而且，立法是多个利益体的相互博弈、妥协，其中，官员、专家和人民群众都发挥着各自的作用，立法不能仅仅是有关部门的工作交流和任务部署，要真正让人民了解立法、参与立法，切实行使自己的权利，把社会上各种利益冲突和矛盾纠纷解决提上立法的日程，提前纠正地方立法与社会现实和民俗的偏

---

① 田成有：《传统与现代：乡土社会中的民间法》，博士学位论文，中国政法大学，2005年。

差，弥补鸿沟，不仅要确保地方立法的民主化，同时也有效解决地方立法可能出现的在制定过程中的质量和实施过程中的效能等诸多问题，促进地方立法的制定与实施和地方立法与民间规范的充分融合。

三 民间规范促进地方立法的可操作性

在立法工作实践中，忽略民间规范，不吸收借鉴民间规范的内容，不仅会阻碍立法工作的进行，影响立法的科学性和民主性，而且会有碍于地方立法的实施和效力。法律的实施是一个涉及多方社会利益的复杂过程，在这个过程中，许多社会系统和社会部门协同工作，即便有国家强制力作为后盾，但如果只有这一种强制力，也很难保障法律的有效实施。社会大众的承认度和接受度对于法律的有效实施同样重要。纵观世界法治发展史可见，即使拥有先进科学的立法技术和立法制度，也并不意味着能够制定出一部足以充分有效实施的良法善法，并不意味着社会大众可以完全认可接受所出台的法律。列宁指出："假使我们以为写上几百个法令就可以改变农村的全部生活，那我们就会是十足的傻瓜。"[1] 因此，在地方立法的制定和实施过程中，必须检视、重视中国各级立法机关普遍存在的直接套用法理学原理进行立法和实践中的过度"西化"问题，把外国立法经验视为当然的普世经验，不顾中国的具体国情和本土的社会文化背景，忽视中国复杂的社会关系和社会矛盾，不加区别地直接挪用和移植，这种舶来的立法技术在法律体系建立之初可能有用，但当前中国特色社会主义法律体系已经建成，把中国的地方立法变成西方的地方立法是完全不符合实际的。

立法者应该更多地去关注人民群众日常生活的现实社会，重视

---

[1] 《列宁选集》第3卷，人民出版社2012年版，第801页。

人民群众的现实需求,充分调查收集和研究中国社会中民间规范现存的有效内容,重点吸收借鉴已持续存在、被群众接受并仍然产生深刻影响的民间规范的有效内容。如埃里克森所说:"法律的制定者如果对那些会促成非正式合作的社会条件缺乏眼力,他们可能造就一个法律更多但秩序更少的世界。"[1] 须知,走中国特色社会主义法治道路、建设社会主义法治强国的伟大目标,科学公正立法和建构完备法律体系只是一方面,更重要的是要唤起人民群众对法律和法治的信仰。从根本上讲,地方立法的实施并不是靠执法机关单独工作,而是依赖于全体人民学法懂法、守法用法,充分相信法律、信仰法律、维护法律,如果地方立法出台后所规定的法律条文与人民群众的日常生活相背离、与中国的国情不相符合,不能为人民群众所接受和认可,人民群众无法主动遵守和信仰,法律也就失去了原有的意义。因此,实现地方立法与民间规范的相互融通和良性互动,将有利于地方立法的顺利实施和操作。

如前所述,目前中国地方立法工作的实践中,存在部分地方的立法只是条文堆砌的问题,既没有联系实际和本土资源、充分反映地方社会的现实,也没有妥善解决地方社会发展中存在的人民群众关切的社会矛盾纠纷和现实问题,出现了地方立法与本土社会生活现实脱节的情况。此外,各地的地方立法也存在高度同质化的问题,立法条文高度雷同,一些地方甚至不顾地区差异与适用结果,直接抄袭相关城市的规定,这些问题都使得地方立法工作与立法法赋予地方立法权的初衷逐渐背离,也造成了不应有的立法负担。随着全面深化改革的逐步推进,中国特色社会主义法律体系形成后,地方立法面临如何充分结合本地现实情况贯彻落实中央立法的历史

---

[1] 苏力:《现代化视野中的中国法治》,载苏力等主编《20世纪中国学术与社会(法学卷)》,山东人民出版社2001年版,第17页。

任务，这就要求地方立法机关要及时转变立法思路，改变惯常立法方式，在运用法理学制定立法的同时，注重推进地方立法与地方实际相结合，突出地方特色，重点关注人民群众所接受和认可的现行有效的民间规范的内容，吸引人民群众广泛参与立法讨论，注重科学立法、自主立法，确保立法的先行性，制定真正科学民主、具有地方特色、可操作的法律规范，回应人民群众关切，促进法治建设目标实现。

第二节 民间规范进入地方立法的依据

习近平总书记指出："法律是治国之重器，法治是国家治理体系和治理能力的重要依托。"[①] 这一论述也充分表明了法律和法治与国家治理体系和治理能力现代化的逻辑关系。而在地方治理体系和治理能力现代化过程中，地方立法和民间规范既是法律基础，也是实施保障。在法律的社会治理目标和能力效果上，地方立法与民间规范属于相互联系、相互作用的两个系统。二者之间的密切关系基于社会生活的自我需求，这也正是二者得以融合的重要基础。[②] 民间规范进入地方立法，不仅依赖二者密切的互动关系，更在于其得以相互沟通的立法目的、立法前提、立法空间和立法考量。

一 立足当前国情的一致规范目的

治理体系和治理能力现代化既是中国治理的发展目标，也是当前社会治理的需求体现。中国基于地域辽阔、人口众多的特点，通

[①] 习近平：《关于〈中共中央关于全面推进依法治国若干重大问题的决定〉的说明》，载《中国共产党第十八届中央委员会第四次全体会议文件汇编》，人民出版社2014年版，第68页。

[②] 周林彬、蔡文静：《社会治理角度下的民间规范与地方立法》，《甘肃社会科学》2018年第1期。

过增强国家法的强制性和权威性的方式，实现了社会的稳定和高速发展。但随着社会主要矛盾的改变，传统的公权力中心主义模式明显难以适应市场的多元化发展，公权力主体在调解纠纷、维护社会秩序的过程中，逐渐丧失其独占地位，曾经被淡化的法律主体和法律手段在这一过程中亦被重新发现其价值。地方立法和民间规范在治理体系和治理能力现代化的背景下，彰显出一致的立法目的。

地方立法是国家法的组成部分，在处理地方具体社会纠纷、解决人民具体需求的地方事务时发挥着关键作用。之所以赋予地方立法权，主要是基于中国的实际国情和地方立法的固有属性。正确认识中国的基本国情和社会矛盾变化，要看到地方的经济发展水平、自然地理环境和文化习俗各不相同，尤其多民族地区的文化传统和民间习惯多样，呈现出多元化、复杂化、具体化的特点，单纯依赖中央立法无法实现治理目标，中央立法既没有必要也不可能全面细化地解决各种社会现实矛盾，也不能盲目要求地方立法统一外在形式，而应该根据客观发展规律，科学赋予地方立法"正当的独立性"，促进地方立法发挥真正效用，真正符合现实生活，为人民群众解决问题。[1]

民间规范因其独特性、多样性与现实性，被认为是一种"地方性知识"，内容丰富，实践广泛，能够为地方立法提供思路、借鉴和经验。民间规范体系庞大，这本身也是中国历史悠久、幅员辽阔的体现，民间规范的法治化进程，也是现阶段中国法律多元化机制构建的需求。在这一层面上说，地方立法与民间规范具有一致性，都是立足各地不同现实需求的法律规范，这也是对二者进行融合的第一要义。

---

[1] 杨桦：《论地方立法对民间规范的吸收与规制——基于制度性事实理论的分析》，《法商研究》2019年第5期。

二 基于地方特色的相同规范前提

国家治理体系和治理能力现代化,与中国的立法体系相似,均包含中央和地方两个层面。地方治理体系和治理能力的发展,核心便在于立足地方特色,发现地方问题并解决地方问题。脱离了地方特色,地方治理也将沦为空谈。地方立法和民间规范既是静态的体系文本,又是动态的能力效果,二者的精髓也在于地方特色。尽管民间规范的地方特色与生俱来,而地方立法的特色是立法者探寻的结果表现,但这并不影响地方立法与民间规范以地方特色为主线,从而实现彼此间的良性互动。

在中国《立法法》中,对地方立法以及少数民族地区立法的理念作出了要求,强调地方立法工作,要充分考虑到当地的现实情况和实际需要,绝不可将地方立法衍变成国家立法的复制品。可见,国家通过法律的形式赋予地方立法权,以此要求地方立足于本土的特殊性,扎根风土人情和民间习俗,促进具体问题具体分析,实事求是地解决地方问题,提高地方解决纠纷的积极性,通过地方立法与民间规范的互动与融合,体现地方特色。[1]

从中国的基本国情看,各地方经济发展水平、自然地理环境、人文风俗习惯都有差异,呈现多元复杂的特点,只凭中央立法不能满足治理的需求。在这样的客观事实下,中央立法不必也不可能面面俱到,更不可不顾客观现实而一味追求地方立法外在形式上的统一,而应当按照客观规律赋予地方立法"正当的独立性"。[2] 民间规范作为"地方性知识",是本土人民在长期的社会实践与日常生

---

[1] 李福林:《论民间规范和地方立法的互动与融合》,《政法学刊》2020年第2期。
[2] 杨桦:《论地方立法对民间规范的吸收与规制——基于制度性事实理论的分析》,《法商研究》2019年第5期。

活中逐渐形成的、具有约束力的并传承至今仍然有效的行为规范。民间规范受本地自然、文化、习俗等因素影响，本身便是地方特殊性的集合，反映着地方民众的立法需求和法律观念。因此，民间规范逐渐成为一种具有拘束力、能够有效调解当地社会矛盾纠纷的地方性原则或规则，在实践中成为地方立法的经验依据和参考，有利于提高地方立法的科学性和有效性，优化完善地方立法体系，有效化解地方现实矛盾，解决地方事务，契合国家赋予地方立法权的初衷和目的。①

三 贴近现实生活的趋同规范空间

尽管地方立法在其效力范围内具有普遍性，但相对于中央立法而言，地方立法仍属特殊性的范畴。近年来，部分学者倡导的地方立法权扩容，实质上也是希望继续强调地方的特殊性与现实性，在地方形成高效合理的社会生活管理制度。对此，地方立法的内容始终是围绕着现实生活展开的。

2015年新修订的《立法法》第72条将中国地方立法的立法空间限定在"城乡建设与管理、环境保护、历史文化保护等方面"，这也是对中央立法普遍性和地方立法特殊性的充分考量。从立法工作的制定与实施角度可见，相较于中央立法而言，地方立法的空间事项更符合本地的实际情况和人民群众的日常生活，包括地方公共生产、生活、商业活动、宗教、民族等城乡建设活动和自治性地方事务。

起源于民众日常生活、行为习惯的民间规范，涵盖现实生活的方方面面。如殡葬管理、食品安全管理等工作都需要立足于本地民间习惯，以民间规范的内容为样本来进行。地方立法的空间限定与

---

① 李洋：《民间规范与地方立法的互动平衡》，《西南法律评论》2020年第2期。

民间规范本身的功能空间呈现明显的趋同状态。随着全面深化改革的不断发展，一些地方在中央政府的号召和倡议下逐渐探索研究解决基层社会矛盾的多元化救济途径。① 例如，在中国很多地方立法，都对清真饮食相关问题作出了规定，以尊重少数民族群体的饮食习惯。而在部分少数民族的语言文字方面，基于中国的民族政策和文化理念，多地也规定要尊重少数民族的语言文字，这不仅有助于民族团结，还有利于文化多样性的保护。

四 尊重社会认同的相似规范考量

治理体系和治理能力现代化注重以人为本，关注社会认同。治理体系和治理能力现代化强调多主体、多角度的深度参与，而要想实现多主体的有效参与，必定以广泛的社会认同为前提。地方立法和民间规范作为治理体系和治理能力现代化的重要元素，同样要发掘法治社会中人的价值。法律由人制定并最终回归于人，法律能否得到社会民众的广泛认同，在很大程度上决定着法律的实施效果。目前，中国地方立法中涉及民间规范的内容更多表现为在现代化过程中的移风易俗，地方立法机关在制定和实施涉及民俗特色、民间习惯和民族禁忌的地方性法规或政策时，既要用实然规则来引导、规范人们的行为，也要正视民间规范的文化和历史内涵，尊重本土文化，实现地方立法与民间习惯的融合发展。②

民间规范凭借传统的伦理道德观念，对社会民众发生强制力，而大量的民间规范中有适合时代发展的，也有部分与新时代新文化新观念不相符合的，如封建迷信等不尽如人意的内容。如果地方立

---

① 霍建平：《试论国家法与民间法》，《内蒙古科技与经济》2006年第6期。
② 高其才：《通过村规民约的乡村治理——从地方法规规章角度的观察》，《政法论丛》2016年第2期。

法在吸收借鉴民间规范的过程中过于僵化、武断，缺乏对本地客观实际和社会生活的考虑，直接照搬不符合现实情况的内容，则会破坏当地原有的文化生态，无法通过吸纳民间规范中的习惯精神而达到强化地方立法的目标。[1] 例如，在殡葬管理和殡葬立法工作方面，各地便充分考虑地方的殡葬习俗，既要做到对文明殡葬理念的推广和贯彻，逐步实现殡葬文化升级转型，同时也要尊重民众的传统习惯，避免对民众情感的损伤，为殡葬转型提供时间空间，实现立法效果与社会效果的和谐统一。

第三节　民间规范进入地方立法的现存形式

地方立法和民间规范都属于社会的重要规则体系，它们都有自己特定的发挥功效的领域。与地方立法一样，民间规范的产生与发展有其特定的社会文化背景，随着经济社会的不断发展，人们的生产生活条件、思想文化水平和物质生活习惯也可能随之变化。然而，因人们思想观念的进步和社会发展存在不同步、不协调的情况，使得社会物质生活可能已经产生了巨大变化。由于人们的观念还处于传统社会，在地方立法过程中过分否认民间规范的合理性或过分肯定民间规范的有效性都是不合理的。伯尔曼先生曾言，"法律既是从整个社会的结构和习惯自下而上发展而来，又是从社会的统治者们的政策和价值中自上而下移动。法律有助于以上这两者的整合"[2]。因此，在促进民间规范与地方立法良性互动与融合的过程

---

[1] 张洪涛：《法律必须认真对待习惯——论习惯的精神及其法律意义》，《现代法学》2011年第2期。

[2] ［美］伯尔曼：《法律与革命——西方法律传统的形成》，中国大百科全书出版社1996年版，第664页。

中，有必要对民间规范的现状和地方立法的实际情况进行梳理和分析。

一 民间规范转化为地方立法

如前所述，民间规范和地方立法都是产生和发展于特定的社会历史文化背景下，尽管它们的产生方式、表现形式、运作模式和作用领域不尽相同，但作为社会监管的重要手段，它们都致力于促进社会治理和社会发展，维护社会和谐稳定，都具有法的一般作用。因此，民间规范与地方立法充分融合与协作的有效方式是将民间规范的现行有效且符合社会生活实践和社会基本要求的相关内容纳入地方立法，既保证了地方立法的稳定性，又能在解决社会矛盾纠纷、解决地方事务时满足人民的需求。然而，如何在尊重民间规范的民间性和多样性特点的基础上促进民间规范的转型仍是一个需要充分考量的问题。

在民间规范顺利转型后，自然会迫使国家和地方调整原有民间规范与地方立法的相应内容，如产生方式、作用范围、基本内容等，其中最主要的是要限制民间规范的作用范围，例如任何违法犯罪行为在任何条件下都必须以国家公权力作为救济手段，必须依照国家法的规定定罪量刑，而非运用民间规范的部分内容判定罪责处以刑罚。瞿同祖先生认为，"法律机构发达以后，生杀予夺之权被国家收回，私人便不再有擅自杀人的权利，杀人便成为犯罪的行为，须受国法的制裁"[①]。实际上，不仅私人擅自杀人的权利被国家收回，现实中部分民事规范也不允许民间规范加以干涉，在不断的冲突与调和中，民间规范逐渐被纳入或转化为国家法，符合日本哲学家三木清所说的"一种习惯通过另一种习惯的创造才能被破除，

---

① [日]三本清：《人生探幽》，张勤译，上海文化出版社1987年版，第70页。

可以支配习惯的不是理性而是其他习惯"①。地方立法在广泛研究和借鉴民间规范内容的基础上，修正自身关于本土特点不足、不具备地方现实性等问题，完善了自身的立法体系，从而增强了本土性、现实性和针对性，立法的民主性和科学性也相应得到了提高。

二 民间规范被地方立法抑制

民间规范受地方立法限制和束缚，是目前各地方实践中民间规范和地方立法在互动中普遍存在的问题。由于国家法是以国家强制力为后盾，具有最高的权威性，民间规范只是在民间长期生产生活中形成的有关矛盾纠纷解决的相应内容，两者产生不同、地位不同，力量也就不同，②民间规范显得较为无力，通常只得被迫暂时接受地方立法对其自身内容的破坏。然而，民间规范的产生和存在依靠的是特定的社会历史文化背景和独特的民间习俗生存土壤，因此饱受限制的民间规范往往也会在地方立法的制定和实施过程中，以其独有的方式加以阻挠甚至是破坏，导致了民间规范与地方立法互相消耗，形成了无法共同发挥作用和互不相容的紧张对抗关系，③近年来，中国出现了各地不断反对"禁鞭法"的情况，也是一种证明。

随着环境保护意识的不断增强，自20世纪90年代开始，全国各地开启了禁止在城市地区燃放烟花爆竹的整治活动，并逐步开始进行有关立法。中国人自古便有在春节假日放鞭炮燃放烟花的风俗，"禁鞭"的这一做法显然与之相冲突，尽管大多数群众理解这一做法的初衷是为了保护环境，但却无法接受新年期间不能燃放鞭

---

① 张生：《略论民事习惯在民初司法中的作用》，《人文杂志》2001年第4期。
② 霍建平：《试论国家法与民间法》，《内蒙古科技与经济》2005年第6期。
③ 李洋：《民间规范与地方立法的互动平衡》，《西南法律评论》2020年第3期。

炮的规定,强制改变群众的一般行为模式、生活方式甚至是民族文化传统,①必然会遭到群众的强烈抵制,在现行法律针对这种传承数千年的民俗习惯作出灵活有效的规定之前,难以保证民众仍会习惯性地遵守旧有习惯,以原有方式继续生产生活。从国外的情况来看,例如土耳其在现代化过程中制定的婚姻家庭法,与传统观念严重冲突,一推出就遭到了民众的强烈反对。20世纪20年代美国禁酒法同样因违反传统生活习惯、不重视民间规范的内容而失败。由此可见,地方立法虽有国家强制性和权威性,但在涉及民众日常生活和民间风俗习惯等方面的内容,若不加以重视,甚至与其相违背,就不可能从根本上实施地方立法,也无法代替民间规范在民众生活中的作用。曾经在中国广泛推行的"禁鞭法",在民众普遍反对和抵制后,不得不进行修改,并重新颁布相应的法规或政策,例如上海、青岛、杭州等106个城市取消全面禁鞭,或由"全面禁止"改为"分时分段禁止",同时划定集体燃放区,既尊重了传统习俗,又起到了保护环境的作用,同时也调和了民间规范与国家法律的冲突,维护了法律的主体地位和尊严。

三 民间规范与地方立法的双重适用

对于民间规范与地方立法在实践中的关系和作用,除了民间规范转化和被地方立法限制外,还包括地方立法和民间规范存在双重规范的情形。例如,在大多数地区的婚姻事务中,农村地区普遍将举行婚礼作为结婚的要件一直延续至今,法定的结婚登记要件在传统观念中并非结婚的必备条件,甚至认为只进行婚姻登记而不举办

---

① 田成有:《乡土社会中的国家法与民间法》,《开放时代》2001年第9期。

婚礼就不算婚姻关系成立，不算被亲朋好友接受和认可。① 因此，受这种传统习惯的影响，人们在进行婚姻登记后，一般会回到家乡举行婚礼，以获得家人和村民的认可。对于这种情况，民间规范和国家法律就产生了双重规定。例如，关于广东省"外嫁女"的财产权保护问题，② 民间规范吸纳了当地的村规民约和组织章程作为依据，同时相关省市区出台的文件政策、当地的地方性法规和规章作为地方立法的依据，共同进行调整，收到了良好的效果。

再如，在一些少数民族地区普遍存在一种传统的民间救济方式——"赔命价"，即杀人犯家属必须向受害人家属支付一定数额的现金作为赔偿后，案件才能结束。在现代法治精神和原则下，根据国家法的地位和属性，重大刑事案件必须按照法律规定，交由国家司法机关定罪处刑。但往往在判决后，双方当事人依然会按照传统民间规范的方式来解决，即由凶手家属赔付受害人家属一定的金钱。实际上，同一案件经过了两次处理，而这也引出了国家法与民间规范的博弈，国家法基于强制力和权威性而不能放弃管辖，同时民间规范长期存在，民众普遍接受和认同，国家法并不能禁止民间规范的适用。因此，犯罪人往往要接受双重规范，受到双重处罚。

目前，中国地方立法实践中仍有诸多不足，表现为大量的立法未能与地方发展现状结合，脱离当地实际情况；盲目追求"大、全、快"，忽视立法供给与实际需求的关系；直接照搬其他地市的立法内容，简单复制和扩展上层法律等。盲目的立法不仅

---

① 安伦、王大梅：《论少数民族婚姻习俗与〈婚姻法〉冲突的调试——以毕节市苗族为例考察》，《毕节学院学报》2013年第7期。
② 《广东省实施〈中华人民共和国妇女权益保障法〉办法》对"外嫁女"的权益作出了明确规定，"不得以结婚、离婚、丧偶为由，阻挠、强迫农村妇女迁移户籍和侵害其合法权益"；"农村经济集体经济组织成员中的妇女，结婚后户口仍在原农村经济集体经济组织所在地，或者离婚、丧偶后户口仍在男方家所在地，并履行集体经济组织章程义务的，享有与本农村集体经济组织其他成员平等的权益"。

造成了当地立法资源的浪费，而且造成规则体系冗余繁杂，不利于矛盾纠纷的合理解决。此外，随着立法数量逐渐增多，立法冲突和立法膨胀问题逐渐凸显，"立法爆炸"的现象在大部分地区成为常态，这些立法无法在解决纠纷中妥善适用，必然会受到民众的反对和抵制，甚至发生"制定的准则越多，违反准则的人就越多"的乱象，从而严重消耗民众对地方立法的信任度，进而在一定程度上弱化国家法律的功能和权威，消解社会不成熟的法律信仰，有碍法治国家和全面深化改革的推进。[①] 因此，须认识到，法治的全面建设需要良好的法律制度基础，需要杜绝不切实际的、与社会现实相背离的、不具备可操作性和适用性的制度，需要贴合实际的、符合社会现实的、与人民群众生产生活息息相关的、与民间规范相辅相成的、科学的可适用的良法善法。采取立法评估的方式，对立法的制定和实施进行有效评判，发现问题，启动相关的法律修订程序，将那些与地方实际不一致的立法从法律体系中剔除，确保地方立法的有效实施。

第四节　民间规范进入地方立法的评估方式

民间规范与地方立法的冲突，就是法治理想与法治现实的矛盾。这种矛盾的根源在于传统社会与现代社会在伦理道德、历史文化、社会观念、生活方式甚至民族差异等方面的不协调。这种矛盾的实质，是两种价值取向不同的社会规则体系之间的矛盾。地方立法追求法治和统一的法律秩序，民间规范追求道德和人伦的礼法秩

[①] 李福林：《论民间规范和地方立法的互动与融合》，《政法学刊》2020年第2期。

序。[①] 正确认识和化解这种矛盾，需认识到中国传统社会的历程和法治建设的长期性、困难性与复杂性，注意到各地方发展的特殊性、历史性和不平衡性。为防止中国地方立法工作脱离社会现实，仅靠一套逻辑规则体系必然无法充分发挥出法律的实际效果。"法律的生命在于经验，而不在于逻辑。"地方立法的首要目的在于解决社会问题，不能仅仅是"理想主义者"笔下的逻辑规则，这种规则无法切实解决地方问题，反而成为社会的负担。

自古以来，天理、国法和人情在中国法治发展过程中始终都是一致的，西方的法律逻辑不仅无法解决中国乡土社会的问题，一定程度上还会导致立法实践忽视中国本土的社会现实和社会本质，进一步而言，忽视了建构法治所需的生存土壤，从而导致制定的法律无法有效实施。推进法治建设，不能单纯地照搬西方的法律逻辑来制定地方立法并依靠国家强制力推动实施，必须要深入本土实际和民间生活，贴近人民大众，重视民间规范的收集、研究和借鉴，通过吸纳整合，制定出民众真正理解和接纳的地方立法，提高国家法治化治理水平。因此，为促使地方立法机关重视民间规范的内容，能够切实解决地方社会实际问题，在地方立法评估中，应当着重对其内容是否具备科学合理性、是否体现本地特色、是否具有针对性等方面进行评估。

一 对地方立法是否具有合理性进行评估

切实推动地方立法与民间规范实现良性互动与充分融合，须要广泛收集和借鉴民间规范的具体内容，[②] 从立法的起草和制定阶段，就将民间规范的相关内容纳入立法案之中。这要求各级地方立法者

[①] 石佑启、谈萧：《论民间规范与地方立法的融合发展》，《中外法学》2018年第10期。
[②] 李福林：《论民间规范和地方立法的互动与融合》，《政法学刊》2020年第2期。

要转变立法观念和习惯，认真对待民间规范，将立法工作的重点从对上位法的"改良和换代"转移到贴近地方社会生活、有效地鉴别和运用民间规范到本地特色的立法实践中。因此，在法治框架下，以现代法治的理念和精神作为依据，按照法治社会的建设要求，收集研究民间规范，区别其中良好合理的风俗习惯与封建落后的腐朽观念，充分整合，使之体现在立法文本和地方制度之中。通过立法评估的方式检验地方立法是否具有针对性和现实性，是否科学有效地吸纳了合理的民间规范。清末民初的法律移植过程中对民间习惯的收集和整理活动，正是当下地方立法吸收和借鉴民间规范内容的范本。

民国初年，国家法中引入和照搬了大量西方法律规则，为避免在实践适用中与本国司法和社会现实产生严重的排斥和矛盾，大理院通过判决形式，将存在于民间生产生活中的民事习惯，转化为可以在司法领域中援引的民间规范内容，实现民间规范与国家法在司法领域的互动和协作，[①] 既保证了国家法律的有效实施，又符合了民间生产生活习惯，不至于沦为西方法律的附庸，为民间规范进入地方立法领域提供借鉴，也应成为我们研究的重点。大理院提出民间规范可以作为各级法院援引的内容，应当符合以下要求：一是内容要素，要求公众普遍相信它们是法律的心理基础；二是外部要素，要求同一规范在一定时间内对同一事项反复适用；三是要求援引该民间规范时国家法尚未规定该事项；四是要求符合社会公共秩序和利益。国家法没有明确规定的，当事人可以根据民事习惯主张权利，并请求司法机关予以保护。司法机关对民事习惯进行核实，认为该习惯具有法律效力后，可以根据该民间规范进行判断。于是就有"法律无明文者，以习惯；无习惯者，从条理"的援用规则，

---

① 张生：《略论民事习惯在民初司法中的作用》，《人文杂志》2001年第4期。

这一规则的出现就表明了习惯的效力高于条理。① 日本法律实践中也提供了类似民间规范纳入国家司法的三种情形，"要么是被视为习惯或习惯法，被制定法公开认可；要么通过法律机关核准的自由裁量。再就是通过人们的自愿选择间接达到"②。可以看出，民间规范与国家法没有明确的界限，只要满足一定的条件，民间规范的有效内容也可以纳入包括地方立法在内的国家法。

二 对地方立法是否体现地方特色进行评估

地方立法作为中央立法在地方各级的重要补充和社会现实的具体拓展，主要解决地方层面上有关社会发展中出现的有针对性的现实问题，将改革发展决策与地方实际情况和民间规范有机结合，从而使地方立法更具有科学性和有效性，更能贴合实际解决具体矛盾，使地方社会发展走上法治化的轨道。中国地大物博、疆域辽阔，民族众多，各地的经济基础、历史文化和传统习俗都具有很大的差异，社会发展所面对和解决的现实矛盾也各有不同，这些决定了中国不能仅仅依靠中央层面的立法，也不能仅靠一部立法来解决全国的问题，必须放权，赋予地方充分的立法权，满足地方立法需求，允许地方自我治理、自我管理、自我发展，使地方能够因地制宜、因时制宜和因事制宜地解决本土的特殊问题。地方特色是地方发展的基础，也是地方立法的灵魂和生命。但在现行地方立法中，能够反映本地社会生活实际、贴近人民群众现实生活的特色立法较少，多数属于直接照搬上位法。例如，兰州市消防立法的立法者，直接照搬其他城市的消防立法，不仅失去了特色和针对性，而且严重影响了立法内容的科学合理性，出现了各种质疑的声音。兰州地

---

① 张生：《略论民事习惯在民初司法中的作用》，《人文杂志》2001年第4期。
② ［日］千叶正士：《法律多元》，强世功译，中国政法大学出版社1997年版，第120页。

处特殊地理环境,城市布局沿黄河而建,地下供水管网呈枝状,但由于地下给水管网和消火栓存在隐患,并且水压不均,决定了兰州市消防用水必须同时利用黄河作为天然水体,需要在黄河两岸设置消防取水口和消防通道。在实际立法中,立法者忽视兰州地区的特殊地理位置和结构及自古以来靠黄河供水的传统,在城市消防立法上,盲目照搬其他城市,通过了在全市范围内设置低供水管网和大量消火栓的法律规定。地方立法工作中忽视地方特色、不注重民间规范和社会生活现状,可能直接导致地方立法存在严重的缺陷和问题,有损人民对法律的信仰,甚至严重危及人民的生命财产安全。

地方特色是地方立法的价值所在[①],要使地方立法体现出地方特色,就需要立法者坚持实事求是的原则,认真考察特定区域内的具体情况和实际问题,在地方立法中既要反映本地自然环境、经济发展和特定的社会问题,更要以当地事实存在的民间习惯、民族风俗和文化传统等民间规范的内容为核心。通过立法评估的方式,分析和研究地方立法创设的重要法律制度,与民间规范是否存在紧张和冲突的问题,以防止地方立法偏离地方实际,或者违背了地方传统,从而促进民间规范与地方立法的融合。为此,立法者才能够根据本地实际情况,在尊重和恪守不抵触原则上,找准地方立法需要面对的地方特色,是提高地方立法质量和实施效果的重要保障。

三 对地方立法是否具有针对性进行评估

地方立法具有针对性,即要求地方立法必须结合本地实际,重点关注社会生产生活中的具体情况,符合地方特色,针对性解决当地民众所普遍关心的实际问题。此外,在地方立法工作的实践方面,一些地方提出立法要具有超前性。地方立法的超前性一定程度

[①] 石佑启:《论地方特色:地方立法的永恒主题》,《学术研究》2017年第9期。

上体现了地方特色,但并不是对地方特色的整体描述和概括,如在国家立法还尚未作出规定的某些领域,地方立法先行作出规定,并不是地方特色的体现,而只是为满足社会实际发展。

地方立法的针对性是指地方立法的规定能够切实解决具体的现实问题,反映地方的特殊性。根据中国目前的发展情况,各地的差距并没有随着改革开放的深入而缩小,甚至出现了新的差异。如对于环保问题,工业发达地区面临的是工业污染,而欠发达地区面临的是在进行资源开发时,由于技术条件限制导致的资源浪费与污染;再如对于政务公开,经济发达地区通过互联网实现全透明,甚至可以网上办公、移动互联,但对于中西部地区贫困村的政务公开,无法通过网络进行,只能结合本地特色,因地制宜实现公开。如在偏远山区仍然保留着每月初一和十五"赶集"和"赶庙会"的习俗,因地形、距离等原因导致的平时难以传播的信息,可以在集会中张贴和宣传。此类生活经验还有很多,立法者在具体立法实践中缺乏调研,不善于认真地总结、整理和利用。因此,对地方立法采取立法评估,有利于检验地方立法内容的科学性和针对性,保障地方立法的充分实施,促进地方立法与民间规范的有机融合。

地方立法缺乏科学合理性、地方特色性和具体针对性,无异于是对立法资源的浪费,是对民众的不负责。为此,评估地方立法的具体内容,要在维护国家法制统一的前提下,地方立法"应当反映社会实际,所调整的社会关系,应该符合本区域的实际情况,而不能脱离地方实际"[①]。具体表现为:一是与上位法不抵触;二是立足于本地的地理环境、经济社会发展水平和人民生活水平等客观情况;三是充分调查研究了本土的社会历史文化传统,民间风俗习惯以及民众的生活习惯等客观情况;四是符合社会主流思想和流行文

[①] 沈宗灵:《现代西方法理学》,北京大学出版社1992年版,第271页。

化、民众的传统观念等主观认识情况。评估中若发现地方立法的内容不符合相关要求，就会面临包括科学合理性、地方特色性和具体针对性在内的否定性评价。目前，在地方立法评估的具体实践方面，主要考察其地方性和针对性，然而考虑到地方立法的具体任务和作用范围与国家法的不同，地方立法应特别重点关注当地特色和民情。因此，在今后的立法评估工作实践中，应将地方特色性和针对性作为立法评价重点。一旦发现地方立法不具备地方特色或不具有现实针对性，只是对其他法律的照搬，就应认为该立法不具备合法性，应建议立即启动修订程序或废除该立法，严格地方立法的制定与实施，倒逼地方立法重视、关注、研究民间规范，实现地方立法与民间规范的良性互动。

第四章

民间规范进入地方立法的程序及障碍

新中国成立以来，为了尽快缩小与发达国家之间的差距，中国公权力机关在国家发展与社会管理等方面处于不可撼动的地位。国家法的权威性和绝对性也得以树立。但随着综合国力的增强与社会基本矛盾的转变，原有的法治模式已不合时宜。治理体系和治理能力的现代化，在某种程度上也是对社会治理结构和法治理念的重塑。在此过程中，前后两种不同的治理模式也难免存在转变上的难题。

地方立法与民间规范具有充分的互动关系及融合可能性，二者的融合亦符合国家治理体系和治理能力现代化的现实要求，但这并不意味着二者据此便可以实现无缝对接或者立法融合。地方立法与民间规范在本质属性、秩序位阶、实施效果等方面各有侧重与差异，因此，有必要对二者当前面临的融合困境予以深层次分析并钩稽其对峙根源，从而为二者的融合路径奠定理论基础。

第一节　民间规范与赋予地方
立法权的目的相契合

解决地方性事务是地方立法的重点和主要任务，基于中国的国情和地方立法的固有属性，理应授予地方一定的立法权。而在此种赋权的过程中，作为地方性知识的民间规范往往能够提供一定的启示和借鉴样本。

一　赋予地方立法权的目的

中国各地经济发展水平、自然地理环境和人文风俗习惯不尽相同，呈现出多元复杂的状态，此种情况下，仅有中央的积极治理难以满足要求。1956 年发表的《论十大关系》中，毛泽东在文中第五组关系里就地方与中央的关系作出了论述，并点明了中国特殊性的现实国情，即"我们的国家这样大，人口这样多，情况这样复杂"，在这样的客观事实下，中央立法不必也不可能面面俱到，必须调动地方的积极性。[①] 此种情况下，不能盲目追求形式上的统一，而应当从国家整体利益出发，依照客观规律赋予地方"正当的独立性"。

二　地方立法中的"地方特色"

从法律规定看，在 2015 年修订《立法法》第 72 条第 1 款、第 2 款中，都规定了设区的市人大及其常委会可以"根据本市的具体情况和实际需要"，而对自治条例和单行条例作出规定的《立法法》第 75 条中规定的前提是："依照当地民族的政治、经济和文化

---

① 毛泽东:《论十大关系》，中央文献出版社 1992 年版，第 91 页。

的特点"。由此可见,国家赋予地方立法权,目的在于调动地方积极性,鼓励地方能够从自身的特殊性出发,通过地方立法的方式来实事求是地解决地方问题,处理地方事务,从而保留和彰显地方特色。在施行立法时,需要考虑到各地区之间因自然地理环境、经济发展水平、政治制度和文化习俗等因素而导致的差异性,并基于此作出一定的改动。

三 在合理限度内吸纳"地方性知识"

"法律与民族志,如同驾船、园艺、政治及作诗一般,都是跟所在地方性知识相关联的工作。"① 美国法学家吉尔兹(Geertz, C.)在对不同文明,不同地区的文化、习俗与法律进行比较后得出了"习惯包罗一切"的结论,可见民间规范能够全面映射出一个民族所具有的传统性,这也是民间规范的一个显著特点,在这种层面上,可以将民间规范视作一种"准法律"。但也存在一个重要的问题,即随着时代的发展,民间规范这类"准法律"是否应当让位于"自外部输入的推理的法律或使它具有系统性及确定性而改造成推理的法律"。关于这一问题,吉尔兹认为:首先,法律是一种具有地方性的知识,无法脱离地方性而自成一套悬空的原则;其次,法律对社会生活来说是建构性的,不仅仅是反映的,更是可以设立、组合、创制的;最后,吉尔兹认同"法律多元主义",主张承认法律是存在差异的,西方的法律制度引入第三世界可能是徒劳无功的。② 与此相对应,归属于社会规范范畴的民间规范,其产生和形成往往源于本地社会民众的长期日常生产生活,并在长期的历史传

---

① [美]克里福德·吉尔兹:《地方性知识——阐释人类学论文集》,王海龙、张家瑄译,中央编译出版社2000年版,第222页。
② 主要通过比较伊斯兰、印度、马来西亚等三个区域的法律概念及用语进行论证。

承中得以代代遵守。受地方独特的自然地理环境、经济发展水平、文化生活方式的制约，民间规范作为一种实践中卓有成效的地方性规则，毋庸置疑可以成为地方立法的借鉴之源和加以学习的资源，为地方立法提供经验性范本，有助于地方立法创造性地处理地方性事务。

第二节 民间规范内容与地方立法的空间相一致

按照地方立法的不同功能，可将其分为三类：第一类是为落实中央立法，即宪法、法律、行政法规在地方的实施而作出立法回应，针对上位法作出具体规定，使得中央立法能够更为细致、稳妥地落地，其基本目的是贯彻实施来自中央和上位的法律，实现法律的统一；第二类是为解决和处理地方性事务的自治性地方立法，在处理本地需要制定地方性法规时对特殊地方性事务制定法律；第三类是试验性地方立法，以地方实践和实际需要为基础制定相关法规，如出现与相关上位法相抵触的情况再另行修改。民间规范的贡献主要在后两类地方立法上反映得较为明显。

一 地方立法的试验性

2015年修订的《立法法》第73条规定："省、自治区、直辖市和设区的市、自治州根据本地方的具体情况和实际需要，可以先制定地方性法规。在国家制定的法律或者行政法规生效后，地方性法规同法律或者行政法规相抵触的规定无效，制定机关应当及时予以修改或者废止。"地方立法的实验性由此得以体现，中央立法暂时不能或不便在全国范围内处理的事务，可令其先行在地方进行试验。针对试验性地方立法的内容，有学者认为："针对的不是特定的地方性事务,而是设计更为广泛,甚至辐射全国的社会事务和社会关系……在一个国家中具有先行先试的性质。"[1] 诸多全国整体立法规划考量下的事务,有时难免不便在全国范围内实施,而选择地方来进行先行试验,即便难以取得理想成效,其后果和不良影响也可以限制在一定范围内。

二 地方立法与民间规范的空间

2015年修订的《立法法》第72条规定了设区的市人大及其常委会制定地方性法规的事项限于"城乡建设与管理、环境保护、历史文化保护等方面"。从现实角度看,不论是城乡建设还是自治性的地方事务,与中央立法相比,行政化的地方立法的空间事项更符合公众的日常生活,这其中包括本地公众生产、生活、商业活动、宗教、民族等等。因此,地方立法有时甚至涵盖本地公众的生老病死、婚丧嫁娶、衣食住行等方面,以殡葬管理、食品安全管理等内容而言,民间规范是可以吸收的优质资源,如最近几年在中央的提倡下,一些地方政权机关开始在基层开展多元化化解社会纠纷的尝试。例如《黑龙江省社会矛盾多元化解条例》(2017)第25条规定:"调解纠纷应当适用法律、法规、政策,在不违背法律、法规、政策的情况下可以适用行业规范、习惯和村规民约。"

三 民间规范与地方立法的渊源

地方立法与地方性法规、规章同属一个法律渊源。法律渊源原意为法的来源、源泉、源头。但至今法学界内仍存在对法律渊源的含义和本质的争论,并且没有一个统一的结果。

---

[1] 谢晖:《论中国地方立法对民间规范的认可》,《湖湘论坛》2018年第1期。

(一) 历史视角下民间规范的法律渊源地位

从不同的角度分析民间规范的法律渊源，将会得到多种不同的结果：从历史角度看，法律最早产生于习惯。美国法学家庞德（Roscoe Pound）从历史及法律任务的角度将法的发展分为四个阶段，分别是原始法、严格法、衡平法和自然法、成熟法。[1] 进入严格法即罗马法时期，民间规范与法律开始出现分野。原始法阶段，法律与道德、宗教、习惯等次级规范浑然一体，按照庞德的说法是一种"未分化的社会控制"。[2] 在此时期，"未分化法"的唯一目的便是通过民众的自力救济、宗教上的神意、国王或官员等途径来维护国家稳定与和平，以保障社会生活的有序推进，与此对应，该时期的社会行为规范以习惯为主导。12世纪，欧洲大陆涌现出一批法律人群体，他们以教授罗马法、进行法律职业训练为生，法律秩序开始从其他社会规范中剥离，更为强调形式主义、个体主义、对权利义务严格限定的罗马法，逐渐有别于习惯等非法律社会控制。而习惯正是罗马法的重要渊源之一。[3] 与之相比，习惯在此前主要为"部族习惯和成例"的形式。在此之后的现代罗马法阶段，罗马法的成文法不再具有这么高的效力，更多是开始作为一种民间规范而被法院适用。

(二) 其他视角下民间规范的法律渊源地位

对民间规范的法律渊源地位的认知，有学者从司法审判和纠纷解决的角度出发，认为"法律渊源是解决纠纷时法官在多样的规则中寻找具有法律效力的正当依据的来源"[4]。可见，民间规范往往须

---

[1] 徐爱国、王振东：《西方法律思想史》，北京大学出版社2003年版，第37页。
[2] [美] 罗斯科·庞德：《法理学》第1卷，余履雪译，法律出版社2007年版，第298页。
[3] 参见江平、米健主编《罗马法基础》（第3版），中国政法大学出版社2004年版，第88页。
[4] 彭中礼：《论习惯的法律渊源地位》，《甘肃政法学院学报》2012年第1期。

经司法过程中法官的引用或确认,才能得以认可和上升为民间规范。有学者基于立法的意义诠释法律渊源,以法律渊源作为法律规范产生的缘由。"凡是能够成为法律规范或者能够成为法律规范产生的根据的,都可以成为法律的渊源。"[1] 民间规范是法律缺位下对另外一种规范的选择,仅依靠规定不足以将民间规范确认为法律渊源。

总之,法治的本质是规则之治。然而即便是法律规则,其社会作用亦不免存在天然局限性。就个体而言,民间规范带有浓厚的公众日常生活色彩,它囊括了民众的生活逻辑,老百姓生活和进行生产活动所得出的经验、逻辑、知识,是人类群体在自然与社会环境下延续和发展所铺就的奋斗之章。正如提出"法律的生命在于经验"的霍姆斯(Oliver Wendell Holmes)说的那样:"当我们研究法律时,我们不是在研究一个神秘莫测的事物,而是在研究一项众所周知的职业。"[2] 同样,地方立法也应当是在将前人业已形成的行为规范、法律、案例、论著等进行统筹汇编,在以科学民主为原则基础上所创制出来的法律结合地方治理实践经历产生出来的符合地方治理实际的法律规则。

四 民间规范与地方法制的社会认同

保障秩序的正当性,主要通过两种方式:第一,社会民众纯粹精神和主观的世界,包括产生和投入的情感;由于崇尚理想中具有绝对效力的秩序,而将其视作具有伦理和美学的"终极价值";或者是寄希望于某种秩序中存在的能够救赎世人的宗教信

---

[1] 高其才主编:《法理学》(第3版),清华大学出版社2015年版,第75页。
[2] [美]霍姆斯:《法律的生命在于经验:霍姆斯法学文集》,明辉译,清华大学出版社2007年版,第207页。

仰。第二，对外部世界所带来影响的预期，即通过对外界行为进行理性判断，来保障自身的利益。包括习惯，在特定社会群体中偏离习惯秩序将会引起普遍而确实的重大反应，可能因此遭到非难，因而具有约束力。① 20 世纪 90 年代，中国地方立法在数量上出现了急剧增长，但这种地方立法的增多并不能与法律健全和社会稳定画等号，规则的运行与社会文化基础更为密切，相比国家制定的法律，民间规范源自民众的日常生活生产，更为靠近社会民主，同时也更能依靠强大的传统力量，民间规范因其在当地具有的稳定性和可预测性，往往能够得到本地居民心理认同和自觉遵守。

地方政权机关在制定和执行涉及民间风俗、习惯、禁忌的地方性法规或政策时，既应当重视规范社会民众的行为方式，更应正视民间规范的文化内涵。即民间规范以某种"心理的、道德的、精神的、文化的约束力对人们的行为进行强制"②。中国目前在地方立法中虽有涉及民间规范的事例，但更多可视作社会现代化转型过程中所经历的"移风易俗"，有些改动是顺时而为，有些却未能达到预期效果。其中暴露出来的一个问题是，地方立法的规定不够灵活，过于草率，无法对地方的客观现实作出全面的考察，以至于对地方原有的生态文化造成了不可挽回的破坏。以地方立法中殡葬改革的部分为例，能否达到期望的法律实施效果是一方面，如若处理不慎，也易造成社会对立和冲突。

---

① 参见［德］马克斯·韦伯《经济与社会》第 1 卷，阎克文译，上海人民出版社 2009 年版，第 124—127 页。
② 汤唯、郭晓燕：《地方立法中的法律文化本土资源》，《辽宁大学学报》2007 年第 1 期。

第三节　地方立法与民间
规范融合的基础

党的十八大以来，在全面推进依法治国的进程中更为强调法治国家、法治政府、法治社会一体建设，在这种背景的社会实践中，能否在民间规范与地方立法中找到二者相融合发展的理论基础？如若讨论二者融合发展，就必然无法规避对这个问题的回答。恩格斯在描述逻辑意义上的"辩证图景"时说："当我们通过思考来考察自然界或人类历史或我们自己的精神活动的时候，首先呈现在我们眼前的，是一幅由种种联系和相互作用无穷无尽地交织起来的画面。"[①] 在民间规范与地方立法相互关联的这一事实中，所蕴藏的是万物普遍联系的辩证逻辑内核。为唯物辩证法中对立统一辩证规律作出了全面总结的哲学家黑格尔认为，"一切事物本身都是自在地矛盾的"，"事物只是因为自身具有矛盾，它才会运动，才具有动力和活动"。[②] 民间规范和地方立法作为联系紧密又彼此矛盾的两种规范体系，以对立与统一两个角度对二者加以分析，可探明是否具有融合发展的基础。

一　对立基础：民间规范与地方立法的分离

从规范属性的角度出发，民间规范与地方立法彼此分离，按照各自的逻辑独立运行，分属于两种不同的规范体系。法律多元理论促使法人类学者将法律加以分类，对各自分属的子系统进行分析。如埃利希认为，法律的形态包括社会法、国法、法学家法和习惯

[①] 《马克思恩格斯选集》第3卷，人民出版社2012年版，第395页。
[②] ［德］黑格尔：《逻辑学》（下卷），杨一之译，商务印书馆1976年版，第66页。

法,"法条根本没有意图去呈现一幅法律状态的完整图景","活法不是在法条中确定的法,而是支配生活本身的法"。[①] 千叶正士认为,"人类社会中的法律是由三个结构层次组成:法律原理、官方法和非官方法,它们构成了一个国家现行法律的整体结构"。[②] 昂格尔认为有三种法律概念,即习惯法或相互作用的法律、官僚法或规则性法律、法律制度或法律秩序。[③] 综上所述,可以看出法律多元在法社会学与法人类学中具有相对固定的含义,在大多数情况下法律多元指的是两种或两种以上的法律制度同时存在于一种社会的情景,在该种法律规范体系中国家法只是扮演了一部分角色,并没有居于核心地位,也并非其中最重要的部分。

一般认为,规范法学谨遵法律实证主义"分离命题"的主张,因此往往会注重与应然的法律和实然的法律相区别,关注其差异,按照规范法学的标准,仅有制定法能成为实在法,因此规范法学并不认可法律多元的地位。然而,新分析实证主义在高于传统法律实证主义的层次上提出了自己的主张,认为法律虽"仍然被认为是一个相对独立的规则体系,但是法律体系的概念具有更大程度的开放性。适用法律制度现有规则是法官的职责和义务。但是,由于法律体系存在着一定的空缺,在法律不明确和不确定的情况下,法官就不能仅仅依赖于现有的法律规则来解决出现的争端"[④]。也就是说,以新分析实证主义的标准加以审视,规范法学对法律多元的否认仅限于法律概念的范畴,如果将范围扩展至法律渊源与法律方法的层

[①] [奥] 埃利希:《法社会学原理》,舒国滢译,中国大百科全书出版社2009年版,第540页。

[②] [日] 千叶正士:《法律多元——从日本法律文化迈向一般理论》,强世功等译,中国政法大学出版社1997年版,第149页。

[③] 参见 [美] 昂格尔《现代社会中的法律》,吴玉章、周汉华译,译林出版社2001年版,第45页。

[④] 李桂林、徐爱国:《分析实证主义法学》,武汉大学出版社2000年版,第4页。

面，规范法学并没有对此种意义上的规范多元进行否定。因此，法律多元不过是规范多元的一种。普通法系"法官每每以习惯规则限制成文法的适用范围，甚至在某些案件以习惯规则取代成文法"；"民法法系法官在司法过程中运用民间规范弥补制定法的不足"。① 民间规范与包含地方立法在内的国家制定法相区别，独立运行，因此依靠民间规范自身的规范系统属性，即便不引用法律多元的理论加以佐证，也能使其自身得到规范法学的认可和承认。

从规范法学的角度出发，可以发现民间规范与地方立法具有明显的区别，应当归属不同的规范体系，民间规范以其内容具有的社群性而被纳入社会规范体系中，地方立法是立法环节的一部分，因而属于法律规范体系。如果对社会规范做更广义的解释，可以将其范围扩展至所有社会成员，这些社会成员的一言一行以及其遵守的社会规则和标准，都可以被视作某种意义上的社会规范，如道德规范、乡规民约等。在规范法学定义内的社会规范，仅指"一般性行为规范，不包括以体现公共意志的、由国家制定或认可、依靠公共强制或自律机制保证实施的为主体的制度规范和以宗教、道德、伦理规范为主体的价值规范"②。中国官方文件中对社会规范给出了自己的定义，这些定义同时也和规范法学立场所界定的社会规范相合，大部分法学学者也认可目前归纳的民间规范概念："如果从国家的角度界定'法律'（rule），则法律以外的社会规范可以统称为民间社会规范或社会规范。"③ 波斯纳也认为："社会规范是一种规则，这种规则既不是由官方信息来源——比如法院或立法机关——

---

① 陈文华：《民间规则与法律方法——以比较法为视角》，《甘肃政法学院学报》2012年第2期。
② 刘颖：《论社会规范在法治建设中的作用》，《暨南学报》（哲学社会科学版）2016年第3期。
③ 范愉：《民间社会规范在基层司法中的作用》，《山东大学学报》2008年第1期。

颁布的，也不是以法律制裁为威胁来强制执行的，然而却是作为惯例被遵守的。"① 虽然我们可以将民间规范与"法"在法社会学和法人类学的意义上相比较，利用"民间法""习惯法"和"活法"等概念名词来指代和解析民间规范，但如果从严格的法理学即规范法理学观点来看，民间规范与法律规范并不可混为一谈，二者泾渭分明，完全分离和对立。而在民间规范和法律规范中，可以找寻到二者各自所不具备的属性和优势。

在法律规范系统中的地方立法，因其特性在事实上与民间规范关联紧密，但也易发生冲突对立。这两种分属不同领域和性质的规范系统相互独立，二者之间的差异主要表现在：民间规范有其民间来源，具有社会属性，而地方立法属于立法系统，具有国家性；民间规范在适用上更为具体，富有当地的特色，而地方立法追寻普遍性；民间规范往往有其自发性，地方立法则依靠外在力量。因为这些差异的存在，运用民间规范与地方立法进行社会治理和地方治理时，往往会出现相互矛盾的对立倾向。如在现今社会的治理环节中，民间规范倾注了民众朴素的观念和认知，实践中重实质正义，地方立法则追求形式正义，二者虽无根本上的冲突，却易诞生误解和冲突；又如民间规范保留了传统文化中对礼节和家族、乡情秩序的恪守，地方立法则运用一套新的理论构建，强调理性和法治；民间规范侧重于结果所及于社会的效力，而地方立法遵从法律，重视案件和事实所得到的客观结果和影响。

正是两者之间的差异和相对性，为实现民间规范与地方立法的融合发展筑牢了现实基础和逻辑基础，这点在辩证逻辑上尤为突出。"它们通过这种彼此分离，只是扬弃了自己。""比较者从等同

---

① [美] 理查德·A. 波斯纳：《法律理论的前沿》，武欣、凌斌译，中国政法大学出版社2003年版，第299页。

走到不等同,又从不等同回到等同,使一个消失于另一个之中,事实上就是两者的否定的统一。""差异,其漠不关心的方面同样只是一个否定的统一的环节,便是对立。"在民间规范与地方立法的对立之中得以寻见二者实现融合的现实基础,在否定的对立中,二者摆脱了各自的局限性,完成了对自身的扬弃,最终得以完成自我升华。这一辩证逻辑分析,亦能用于现实中民间规范与地方立法的运行磨合之中。

随着中国社会的发展,民间规范自身的局限性也不断地暴露出来,愈加明显。一是民间规范在回应社会急剧变革上严重滞后,传统中国民间规范生存的环境是以乡土本色、差序格局、礼治秩序、血缘和地缘等为基本特征的乡土社会。① 城镇化的迅速兴起与发展打破了农村城镇相互区别的格局,城乡之间、城镇之间人口流动频率加快,经济水平的飞速提升和社会开放程度的提高都进一步加剧了社会结构的改变,乡土社会的民间规范开始逐渐失去其孕育的土壤。二是民间规范在国家主导的制度变化中逐渐失去原先的效力。传统中国民间规范诞生于熟人社会的环境中,其运行规则多仰赖于社会成员的内心确信,而现代中国的发展则在不断挤压熟人社会的空间,现实中陌生人社会愈加成为主流,国家权力成为推动社会调控制度和重塑社会秩序的主要力量,在数十年以来国家主导和推动的制度变迁过程中,社会成员不再将民间规范视作内心确信。三是在上述变迁中,民间规范的话语权在当代中国的地位开始下降,逐渐趋于暗淡,民间规范在传统社会中所具有的活力和约束力逐渐旁落。

传统社会中,中国社会所遵循的民间规范和国家法遵循同一套逻辑,"家国一体""礼治"和"宗法文化"等观念构成了贯穿二

---

① 参见费孝通《乡土中国生育制度》,北京大学出版社 1998 年版,第 6—9 页。

者的核心理念，并在现实生活中相互呼应，加强了对民众的约束力。因此，在实践中，民间规范与国家法互为表里，在某种情况下可以互相等同，呈现出融合的趋势。而进入近代社会后，中国国家治理和社会治理的话语风向开始出现一定程度的变化，平等、自由、法治等现代性法律概念开始频繁出现在大众视野中，并逐渐树立起新的话语体系，在话语权竞争中，民间规范固然保有传统治理话语体系，但却只得落入下风。但地方立法作为民间规范的对立面，也无法规避自身局限性：一是地方立法在法律体系中居于中央立法和上位法之下，往往会受制于中央立法与来自更高一级地方的立法。由于地方立法的内容大多属于执行性立法，必须深入贯彻落实高于自身效力的地方立法，尤其是中央立法，结果便是地方立法失去了一定的自主性，难以在回应性和创新性方面有所作为。二是地方立法需要顾及民情和民意舆论，但同时又不免回应地方治理政绩的需求。地方立法因其本质，应当设法在最大限度上回应民众利益呼声和需求，但也由于政治要求，同时将政绩成果纳入考核标准，因此地方立法有时不免带有临时和应急的特点，个别情况下甚至会出现对策性立法，有失地方立法的普遍性。三是地方立法在进入司法适用环节时会面临一定的困难。地方立法在法律体系中居于较低位阶，在适用时大部分地方立法往往位于最低层次，鲜少有实际适用的机会，落入了"纸面上的法"的恶性循环。

民间规范和地方立法所述规范系统并不相同，且彼此对立，二者均受制于自身局限性。依照唯物主义辩证法的对立统一和自我扬弃规律，在当代中国的发展进程中，民间规范和地方立法都应当且有必要保持开放的格局，向外拓展，以寻求克服其局限性的资源。鉴于此，民间规范与地方立法更应当取长补短，共同发展。

二 统一基础：民间规范与地方立法的同构

在对民间规范和地方立法分属社会规范和法律规范的事实作出分析后，容易出现认为二者之间是平行与自治的关系的论断。在早期的经典法律多元主义中，仅在殖民地和后殖民地国家的本土法和欧洲法之中存在多元规则，而这些本土法与欧洲法之间充满着冲突和矛盾。20 世纪 70 年代中后期，法律多元主义开始扩展学科的研究范围，尝试对非殖民国家进行考察，并提出新的观点，即新法律多元主义，认为在所有社会中都能寻找到法律多元现象。新法律多元主义"强调了国家法与非国家法之间存在辩证、互构的关系"，其"发展方向不是将国家法与非国家法作为两个分离的实体，而是认为它们处于同一社会领域中，在此基础上探察二者更为复杂的互动关系"。[①] 在千叶正士的法律多元理论中，法律原理是指"在确立、论证和指导官方法与非官方法中，与官方法和非官方法具体相关的价值和理想体系"；"一个国家的法律原理是它同样论证和指导的该国官方法与非官方法的基础"。[②] 可见，以法律原理为桥梁，可以实现官方法和非官方法的沟通。这些法律原理并不拘泥于单一概念中的理念，而可以将其范围扩展至纯粹的自然法、正义、衡平等法律观念，也可以借由神灵、先知等源自宗教教义的领袖来提出启迪，"法律原理"还可以是在民族传统文化中所达成的共识以及暗含在政治哲学中的意识形态。如上所述，这种法律原理以其庞杂的概念而颇具法人类学上的意义，能够映射出人类社会中的法律文明，因而可以在官方法和非官方法之间进行弥合和沟通。

[①] 张均：《法律多元理论及其在中国的新发展》，《法学评论》2010 年第 4 期。
[②] ［日］千叶正士：《法律多元——从日本法律文化迈向一般理论》，强世功等译，中国政法大学出版社 1997 年版，第 160 页。

法社会学的考察则更多地是以白描的方法来对形成民间规范与官方法律的相统一的运作体制进行表述。美国法社会学者瑞斯曼曾总结出"合宪性"和"有效性"两个国家法体系中的概念,对制定国家法体系的过程与其相应的执行机制进行总结和描述。"这些法律,即我所称的微观法律（micro law）,也表现出其合宪性的风貌,更具体地说,是具有合宪性的制定过程:体系中每个部分,都不是源于随意而即时的决定,而是出于体系自身的意思决定机制。虽然人们还无法找出诸如微观法律体系下的军队、警察、监狱等与传统法律理论类似的法律执行机制及检验方法,但是这并不影响微观法律的有效性与被人们所认可的事实。因为,人们终究会在这些法律体系下找到相对应的机制。"① 由此可见,置身于法人类学和法社会学的视野中,不能简单地因民间规范和地方立法的性质不同而以平行与自治关系来笼统概括,这是有失准确的。法人类学的视角中,民间规范和地方立法能够借由观念和文化概念甚至意识形态形成融合;而在法社会学中,民间规范与地方立法从形成或制定到最终的实施和执行阶段有着一定的相似性,因此可以在合宪性与有效性中寻求协同发展的理论依据。

法人类学和法社会学的考察较之纯粹的法理学,其重点更集中在其描述性,而非分析性。如前文所述,这些文字描述常在现象之间进行对比,或使用形象譬喻对理论加以勾勒,而少有运用法律概念以及法学语言对事实作出深刻剖析,欠缺理性的分析。从规范分析法学的角度来看,民间规范与地方立法之间是否存在规范同构?作为国内民间法研究领域的著名学者,谢晖教授曾表示:"把民间法研究置于法学的视野中,或者以法学视野而不是以人类学或社会

---

① [美]迈克尔·瑞斯曼:《看不见的法律》,高忠义、杨婉苓译,法律出版社2007年版,第4页。

学视野来探究民间法,是本人一直怀想的学术追求,所谓法学视野,在本质上是规范研究的视野。法律学术倘若失却对规范问题的自觉关注和把握,则必然逃离其本有的学术境界或专业槽,而遁入其他学术的专业槽。"①

从规范法学的角度看,民间规范与地方立法至少在三个方面存在同构。

第一,在规范内容和规范结构上,民间规范和地方立法都存在权利与义务和权力与责任的对应机制。就具体内容而言,无论民间规范如何表达,最重要的规范内容都是记录习惯权利。"民间规范乃是习惯权利的基本载体。"②"民间规范具有明确的权利和义务分配功能"③,具有记载习惯权利、分配权利与义务的规范结构,是区分民间规范与宗教规范、道德规范等其他社会规范的关键特征。作为法律规范的生成机制之一,地方立法的规范形式鲜明地体现在权利义务的内容和结构上。权利往往会经历从"自然权利—习惯权利—法定权利"的演进历程,但自然权利难以直接被法定权利吸收,它们往往是以习惯结构的形式被纳入民间规范,再经由地方立法结构从而成为法定权利,最后通过中央层面的立法,从民间规范变为更高级的法定权利。由此可见,权利义务分析作为最基本的规范分析,在其中间最易找寻到民间规范和地方立法同构的理论基础。

第二,民间规范和地方立法都能作为司法者与行政管理者在处理纠纷裁判和公共行政事务时所能援引的规范准据。民间规范和地

---

① 谢晖:《民间规范的法学视野与民间调解的自治性》,《甘肃政法学院学报》2012 年第 3 期。
② 谢晖:《民间规范与习惯权利》,《现代法学》2005 年第 2 期。
③ 尚海涛、龚艳:《法规范学视野下习惯规范的界定——以雇佣习惯规范为例说明》,《甘肃政法学院学报》2012 年第 3 期。

方立法都是确定、预防或调整某一地区社会关系的预设规范。只有在确定二者在一定程度上均具备法律渊源的某些特点时，民间规范和地方立法才得以成为司法机关和行政机关的准据选择。毋庸置疑，司法部门通过严格的法律论证在民间规范和地方立法之间建立了联系。尽管行政管理者应当严格遵循依法行政，但他们仍可以借助公共治理和合作治理等行政手段，在民间规范和地方立法之间建立联系。这种联系或可以将民间规范上升为地方立法，或可以使地方立法结合成为民间规范，从而在某种程度和范围内实现二者的同构。

第三，民间规范与地方立法在价值观与规范原则方面趋近同一。这里所提及的价值观更强调一种规范层面的价值取向，与道德哲学或自然法中的价值观不能一概而论，这种价值观能够对社会成员行为进行规制，以权利与义务为内容。规范原则是指作为规范体系核心的基本规范，即元规范。传统的社会环境下，民间规范重视血缘亲疏观念和族群秩序，国家法强调家国一体的价值观和集权，事实上这两种规范原则本出同源，形成了一种同构。现代以来，国家法强调的个人自由价值与平等开放原则也能在民间规范中找到回应，民间规范同样注重个人自主价值观和社会参与，这使得民间规范在某种程度上能在现代社会中与国家法构成同步。民间规范并没有完全脱离于时代，即使在社会治理现代化的图景下，民间规范也能够在价值观念、规范核心和治理目标等方面与地方立法存在共通之处，达成呼应。其中一个鲜明的特点是，二者都遵循良法善治的内核，因此有利于现代中国的社会治理。

基于上述论证，既然民间规范和地方立法能够展示出一定程度的同构性，在当代中国，进行民间规范与地方立法的相互融合和发展便成了题中应有之义。二者具有相当程度的同构基础，因此实现彼此之间的融合发展是与唯物辩证逻辑深入契合的。

民间规范与地方立法的同构能够鲜明地体现对立统一辩证逻辑的同一性,前者是规范法对这种同构最一般的抽象,也是二者融合发展的具体条件。"最一般的抽象总只是产生在最丰富的具体发展的场合,在那里,一种东西为许多东西所共有,为一切所共有。"① 民间规范与地方立法在诸多方面存在的同构,为二者的融合发展的可能性提供了又一例证。而在民间规范与地方立法存在的诸多同构基础上进行的整合发展,完成了"同构"与"差异"之间的飞跃,形成了一种更高层次的"统一"。"真理只有在同一与差异的统一中,才是完全的,所以真理唯在于这种统一。"或者说,民间规范与地方立法在彼此完成同构的基础上所进行的融合发展,是位于"同"与"异"之上更高层次的"和合"。"同"与"和"在中文语境下拥有不同的哲理和意向。"和而不同"②,"执其两端,用其中于民"③。"和"蕴含着平衡和统一,这种中和的概念建立在有差别的对立事物之中,"同"则是在无差别的事物中所形成的绝对同一。"和实生物,同则不继。"④ "道生一,一生二,二生三,三生万物。万物负阴而抱阳,冲气以为和。"⑤ "和"在现代哲学语言里有着"融合"的意蕴,以"和"为基,世间万物得以和谐生存和发展。如果想要更加顺畅地实现民间规范与地方立法的融合,在这个过程中就需要以"和"的智慧来帮助二者生存和发展。民间规范与地方立法在规范的内容与结构、价值与原则、方式与目标等方向

---

① 《马克思恩格斯选集》第 2 卷,人民出版社 1995 年版,第 22 页。
② 出自《论语·子路第十三》,参见(宋)朱熹《四书集注》,陈成国,岳麓社 2004 年版,第 167 页。
③ 出自《中庸》,参见(宋)朱熹《四书集注》,陈成国,岳麓社 2004 年版,第 24 页。
④ 出自《国语·郑语》,参见徐元诰《国语集解》,王树民、沈长云,中华书局 2002 年版,第 470 页。
⑤ 出自《道德经·第四十二章》,参见库流正《老子正解》,湖北人民出版社 2005 年版,第 104 页。

上都体现出相同的本质和趋势,这也说明地方立法与民间规范彼此内化于形,彼此借鉴发展是大势所趋。

三 地方立法与民间规范融合的可能

尽管先前已经对地方立法与民间规范进行融合发展的逻辑基础加以论证,但这并不意味着二者整合发展之路必然是一条坦途。民间规范与地方立法能够进行融合发展的可能性,是建立在二者可以在规范特征上进行沟通的基础上的。因此应当对二者能够相互融通的规范性质方面进行详尽分析,进一步论证地方立法与民间规范存在融合发展的理论基础和可行性。

(一)民间规范的社群性与地方立法的地方性融合之可能

民间规范较强的社群性与其形成基础有关,民间规范是自发生成的,并且其内在逻辑是调整一定领域内社会群体之间的权利义务关系。在人类学者眼中,"人就是社会,社会就是风俗"。"'社会'是由一个民族、一个地区、一个地方的风俗和习惯构成的。"[①] 民间规范依照社群性质可以分为国家性、区域性或地方性,这与民间规范所调整的社会群体范围有关。虽然民间规范与法律概念都具备国家性,但在规范法学看来,这二者在形成方式、效力范围大小、施行的机制等方面依旧并不完全一致。

不同的民族、族群会形成不同的社会环境,在对这些不同的社群形式中所产生的社会风俗习惯等社会规范和其具有的法律规范进行观察和研究后,人类学者在其中发现了共通之处,即法律是地方性知识(local knowledge),基于地方自身的特质而带有特殊性,是存在地方界限的规则。"地方在此处不只是指空间、时间、阶级和各种问题,而且也指特色(accent),即把对所发生的事件的本地认

[①] 王铭铭:《人类学是什么》,北京大学出版社2002年版,第118页。

识与可能发生的事件的本地想象联系在一起。"[①] 作为地方性知识，法律"赋予特定地方的特定事务以特定意义"[②]。可见，国家制定的法律也不免会带有地方性，所以必须依靠地方性知识对此加以理解，而对地方立法的认识就更应当溯及地方性知识，以其为基本。中国《立法法》第73条使用了"地方性法规"一词来对地方人大立法加以定义，并将这种地方立法权限定在一定的"地方性事务"上。地方立法的地方性往往能在许多方面找到鲜明的印证：地方立法主体只能是地方政权机关；地方立法的任务必须是解决地方问题；地方立法的内容可以或应当具有地方特色；地方立法的形式可以或事实上具有地方特色；地方立法的效力范围限于一定的地域内。[③]

将地方性概念纳入研究重点时，针对地方性知识的研究是必要的，应当将其纳入法治建设的环节之中。在法治建设过程中，地方立法所具有的地方性特征是理解统一与分散、权力与权利、中央与地方、中心与边缘、自上而下与自下而上等关系的一个知识进路。[④] 地方立法因其自身特性，在运用地方性知识方面比中央立法更为得心应手，而民间规范扎根于社群之中，又比地方立法更为向下，与地方性知识更为亲密，这有利于二者的相互补足。民间规范的社群性，虽源于其所产生的社会群体，但更深刻的根源是该社会群体生存的自然地理环境。[⑤] 中国传统政治哲学对这一点有其自身体会："凡居民材，必因天地寒暖燥湿，广谷大川异制。民生其间者异俗，

[①] [美] 克利福德·吉尔兹：《地方性知识：事实与法律的比较透视》，邓正来译，载梁治平主编《法律的文化解释》（增订本），生活·读书·新知三联书店1994年版，第126页。

[②] [美] 克利福德·吉尔兹：《地方性知识：事实与法律的比较透视》，邓正来译，载梁治平主编《法律的文化解释》（增订本），生活·读书·新知三联书店1994年版，第145页。

[③] 参见周旺生《关于地方立法的几个理论问题》，《行政法学研究》1994年第4期。

[④] 参见葛洪义《作为方法论的地方法制》，《中国法学》2016年第4期。

[⑤] 石保启：《论地方特色：地方立法的永恒主题》，《学术研究》2017年第9期。

刚柔轻重迟速异齐，五味异和，器械异制，衣服异宜。修其教，不易其俗；齐其政，不易其宜。"① 尽管地方所处的自然地理环境往往极大程度上会影响到地方立法的地方性，但这种地方性也会受到其所意图规范的社会群体的深刻影响。孟德斯鸠在谈及"法的精神"时，便将其中一个源头视作法律规范的地方性和民间规范的社群性的融合："法律应该和国家的自然状态有关系；和寒、热、温的气候有关系；和土地的质量、形势与面积有关系；和农、猎、牧各种人民的生活方式有关系。……和居民的宗教、性癖、财富、人口、贸易、风俗、习惯相适应……这些关系综合起来就构成所谓'法的精神'。"②

康德在地方性对于法的重要性进行实证探讨时，采用了实践理性的视角，他认为："法学必须回答的是，在特定的地方和特定的时间，法是什么，而不是回答'法是什么？'这个普遍性的、一般性的问题。"③ 民间规范是什么？地方立法是什么？如果想要为这些问题作出一个较为准确的回答，就必须回归到地方性和社群性这一视角。"如果想要知道法律是什么，便应在'地方化'的语境中理解法律的具体内容。不论人们是否承认，无论是一般性的法律概念还是具体性的法律知识，都不可避免地'地方化'。"④ 作为融通地方立法和民间规范的两个关键，地方性和社群性同时还能够相勾连、相整合，这无疑便于更好地推进民间规范和地方立法的融合发展，从而促使二者的融合发展，踏入新的历程。

---

① 出自《礼记·王制》，参见（清）孙希旦《礼记集解》，沈啸寰、王星贤点校，中华书局1989年版，第358页。
② ［法］孟德斯鸠：《论法的精神》（上册），张雁深译，商务印书馆1995年版，第7页。
③ ［德］伯恩·魏德士：《法理学》，丁小春、吴越译，法律出版社2003年版，第31页。
④ 刘星：《法律是什么：二十世纪英美法理学批判阅读》，中国政法大学出版社1998年版，第257页。

(二) 民间规范的传承性与地方立法的固有性融合之可能

民间规范具有极强的历史文化传承性,民间规范以其自身的发展变迁见证了无数社会历史和文化的迭代与传承。即便在近代外来文化的冲击下,民间规范也没有脱离其所依赖的政治、经济、文化框架,依旧保留了自身的文化内核,只是在代际经历了继承与创新的循环往复式发展。在新制度经济学中,制度可以分为四个层面:非正式制度、正式制度、治理模式和传统经济活动。民间规范归于非正式制度范畴,它处于制度的最高层,同时也是最基本层,"它们变化缓慢,历经世纪千年依然延续";法律规范属于正式制度范畴,处于制度的第二层次,它们的演进可能只有数十年。[①] 历史法学派代表人物萨维尼甚至坚信,一个国家的实在法,同本国的语言一样,在发展的过程中没有隔绝断裂的时刻,并将其民族所共同具有的意识作为特定居所。"法律首先产生于习俗和人民的信仰(Popular faith),其次乃假手于法学——职是之故,法律完全是由沉潜于内、默无言声而孜孜矻矻的伟力,而非法律制定者(a law giver)的专断意志所孕就的。"[②] 即使以严格法学定义上的合法性、规范性和实效性等概念来对民间规范加以逐一审视,我们也会发现民间规范在形式、内容和施行上都有着鲜明的历史传承的特点。如中国商会自治规范,近代以来发生了一系列的变迁,但仍然继承了规范法意义上的中国传统行会和会馆制度的一些要素。"中国传统制度中的家长制和集权制依然会凌驾于具有现代性的自治契约之上";"有些自治契约以义务来表述权利,只言义务,不言权利";"建立在自治契约规

---

① 参见[美]阿维纳什·迪克西特《法律缺失与经济学:可供选择的经济治理方式》,郑江淮等译,中国人民大学出版社2007年版,第7页。
② [德]弗里德里希·卡尔·冯·萨维尼:《论立法与法学的当代使命》,中国法制出版社2001年版,第11页。

范上的自治秩序,在某些方面还对官府存在依赖性"。① 地方立法其典型的固有性,与民间规范的传承存在一定的相似之处。地方立法的固有性是指,地方立法比中央立法更倾向于将固有法视作法律渊源的特征,而对继承法或者移植法的方面则关注不足。固有法是指"渊源于一个民族固有文化的法",继受法是指"一个国家从一个或多个外国继受的法"。② 法的继受或移植在中央立法领域更为多见,这一现象在中国这种面临着法治现代化转型的国家中体现得更为明显。"法律移植无疑是我们建构民族国家中必须面对的选择,我们的法学也因此打上移植的品格。"③ 从清末到民国,中国尝试在大量的中央立法中对西方法律制度进行移植,使得这一时期"西法东渐"一词反复出现,甚嚣尘上。

改革开放以来,对法律进行移植和借鉴被提上议事日程,在多次座谈会上均能见到中央的热切督促和倡议,"外国、香港一些有关商品经济发展的成熟法律,我们也可以移植和借鉴,不必事事从头搞起。"④ "凡是国外立法中比较好的又适合我们目前情况的东西,我们都应大胆吸收……有些适合我们的法律条文,可以直接移植。"⑤ "我们还注意研究借鉴国外的立法经验,从中吸取那些对我们有益有用的东西。"⑥ 与中央立法有所不同,地方特色对地方立法

---

① 谈萧:《中国商会治理规则变迁研究》,中国政法大学出版社2011年版,第271页。
② [日]千叶正士:《法律多元——从日本法律文化迈向一般理论》,强世功等译,中国政法大学出版社1997年版,第188页。
③ 强世功:《迈向立法者的法理学——法律移植背景下对当代法理学的反思》,《中国社会科学》2005年第1期。
④ 《万里委员长在人大常委会召开的座谈会上作重要讲话:完善代表大会制度,加快人大立法步伐》,《人民日报》1988年12月8日第1版。
⑤ 《乔石谈社会主义市场经济体制建立和完善:必须有完备的法制规范和保障》,《人民日报》1994年1月15日第1版。
⑥ 吴邦国:《在形成中国特色社会主义法律体系座谈会上的讲话》,《中国人大》2011年第2期。

而言具有特殊的意义，是地方立法语言中的内核，可以用来衡量地方立法的水平，因为这一地方特色通常内化于本地传统特色文化之中，所以地方立法很难消化移植或继承的外来法律制度，带有国外文化色彩的法律制度容易与本土的立法发生"水土不服"，因此地方立法最终依旧要向本地文化进行探求，以汲取找寻立法资源。法律文化学者的考察甚至表明，一个地方所固有的法律文化不仅深刻地影响着该地方的立法，也深刻地影响着该地方的司法。[1] 因此，地方立法比中央立法更加能够体现本地的内在文化属性。民间规范传承主要是承继某一地区的本土文化和传统文化，这与前文所述的地方立法内在固有性质相一致，为实现二者的融合发展又提供了另一力证。

（三）民间规范的经验性与地方立法的执行性融合之可能

如果将民间规范比喻成"法"，那么便可以更好地理解霍姆斯那句经典的名言："法律的生命不是逻辑，而是经验（The life of the law has not been logic: it has been experience）。"[2] 民间规范出现于社会群体中，在民众的日常生活中积累和形成具有一定秩序的经验规范，并在社会成员的代际发展中不断补充和健全。英国普通法大量吸收参考了全国各地的民间习惯，因此霍姆斯作出了"法律的生命是经验"的论断。英国普通法诞生于巡回法官的司法实践，在依照国王敕令的同时，又综合融汇各地的习惯法，从而成为一项新的法律原理、原则和制度。"普通法的原则是一种致力于经验的理性原则。它体现出经验将为行为的标准和判决的原则提供最满意的基础。它认为法律不是由君王意志的诏令武断地创制，而是由法官和

---

[1] Thomas W. Church, Jr., "Examining Local Legal Culture", *American Bar Foundation Research Journal*, Vol. 10, No. 3, 1985, pp. 449-518.

[2] O. W. Holmes, Jr., *The Common Law*, Boston: Little, Brown, and company, 1881, p. 1.

法学家从过去实现或没有实现正义的法律原理、法律原则的经验中发现的。"①

民间规范带有显著的经验性,因此普通法学者甚至用经验命题（experiential propositions）即"描述社会次级群体中所遵循的日常行为模式的命题"来指代习惯（usage）；与法律规范倾向于描述人们应当怎样做不同,习惯本身只是描述人们实际怎么做。② 与普通法相类似,"民间法也是根据经验创造出来的,只不过是根据民间社会主体的经验而不是法官的经验"③。不能因民间规范具有经验性,而认定其为模糊的、丑陋的。换言之,民间规范不会由于具有的经验而失去规范法层面上的规范性。这在商业习俗中更为明显。事实上,商事习惯能够整合经验性与规范性,并使其并行不悖,以这点为核心从而塑造了近现代的商法体系。伯尔曼对西方商法传统进行了细致考察后认为："商法最初的发展在很大程度上——虽不是全部——是由商人自身完成的；他们组织国际集市和国际市场,组建商事法院,并在雨后春笋般出现于整个西欧的新的城市社区中建立商业事务所。""在 1050 年和 1150 年之间,商法中的各种权利和义务实际上也变得更加客观、准确,而较少任意、模糊。商法体系中存在着一种从习俗意义上的习惯到更为细致地加以界定的习惯法的运动。随着商法规范日益变为成文的东西——部分采取的是商事立法的形式,但首先采取的还是那种多少有点陈规旧习性质的成文商业文件的形式——它们的专业性也越发增强。"④

---

① [美] 罗斯科·庞德：《普通法的精神》,唐前宏等译,法律出版社 2000 年版,第 129 页。
② 参见 [美] 迈尔文·艾隆·艾森伯格《普通法的本质》,张曙光等译,法律出版社 2004 年版,第 45 页。
③ 陈文华：《规范法学视野下的民间法》,《广西社会科学》2010 年第 7 期。
④ [美] 哈罗德·J.伯尔曼：《法律与革命——西方法律传统的形成》,中国大百科全书出版社 1993 年版,第 414—416 页。

经验作为一种行为模式，在庞杂的社会可反复执行而又不失其自身的规范性。因此地方立法的一个重要任务，便是在实施上级法律时，结合地方实际创制出更为具体和可供操作的行为模式。对此，中国《立法法》第 73 条规定，地方性法规可以就"为执行法律、行政法规的规定，需要根据本行政区域的实际情况作具体规定的事项"作出规定；同时又在第 82 条补充，地方政府规章可以就"为执行法律、行政法规、地方性法规的规定需要制定规章的事项"作出规定。地方立法的这一功能即为执行性，执行性地方立法"是对法律和行政法规中的法律规范的确切含义和适用范围予以明确规定，是将法律和行政法规的一般性规定适用于个别的、具体的情况"[1]。也有学者用"实施性"来表述地方立法的执行性。[2] 地方立法的执行性意味着地方立法必须依地方特殊性来因地制宜，制定适合本地区的法律规范，中国《立法法》第 73 条明确规定地方性法规"对上位法已经明确规定的内容，一般不作重复性规定"。由于民间规范的经验性来源于一定范围的地方日常生活，执行性地方立法就可以从民间规范的经验性中汲取规范资源。[3]

地方立法的执行性是与地方立法的创制性相比较而得出的。地方立法的内容分为两种：一是根据地方的特殊性进行创制法律规范，进而补全上位法中的缺失；二是从当地实际出发，为更好地执行上位法规范制定更为具体的准则。"执行性地方立法并不创制新的权利义务规范。"[4] 可见，地方立法的执行性与民间规范的经验性具有一定的区别，即使如此，二者也可以在非创制性方面进行联结。民间规范的经验性本质是在漫长的历史时期内重复运用已有的

---

[1] 崔卓兰、于立深等：《地方立法实证研究》，知识产权出版社 2007 年版，第 8 页。
[2] 参见许俊伦《地方立法的特征》，《法律科学》1996 年第 5 期，第 25 页。
[3] 石佑启：《论地方特色：地方立法的永恒主体》，《学术研究》2017 年第 9 期。
[4] 崔卓兰、于立深等：《地方立法实证研究》，知识产权出版社 2007 年版，第 9 页。

行为模式，因此将民间规范纳入执行性地方立法的过程中，不会有新的权利义务规范出现。在制定行政规范时，地方立法还可能会在某种程度推动民间规范的演化，因为当地民众更容易对法律规范的权威有清晰的认知，也更容易对其进行遵从。因此，民间规范的经验性也可以从地方立法的行政性中不断丰富自身内涵。

第四节　民间规范进入地方立法的现实困境

前文经过论述民间规范与地方立法在立法权目的上的契合、民间规范内容与地方立法空间相一致、地方立法与民间规范三个方面，对二者存在融合发展可能性的命题进行了论证。但从归纳的逻辑出发，如果试图证明一个命题，那么仅仅做证实的工作是不够的，还应当从命题的证伪方面进行假设和推敲，事实上，后者比前者更为重要。"所有的经验科学的陈述，必须能够最后决定其真伪的；……这意味着，它们的形式必须是：证实它们和证伪它们在逻辑上都是可能的。"[1] 因此对民间规范与地方立法能够融合发展的命题进行论证时，还需要强调虽然存在一定的阻碍的因素，但这些因素本身最终是能够被化解的。对于归纳逻辑，证伪比证实更重要。波普尔尤为重视可证伪性："应作为分界标准的不是可证实性，而是可证伪性，……不要求一个科学体系能一劳永逸地在肯定的意义上被选拔出来，我要求它具有这样的逻辑形式，它能在否定的意义上借助经验检验被选拔出来：一个经验的科学体系必须可能被经验

---

[1]　[英] 波普尔：《科学知识进化论：波普尔科学哲学选集》，纪树立编译，生活·读书·新知三联书店1987年版，第27页。

反驳。"①

一 民间规范守成，地方立法创新

考虑民间规范与地方立法融合的问题时，第一个要解决的问题是民间规范与地方立法相反的发展趋势。民间规范不免落向守成的一侧，地方立法却往往富有创新意味。民间规范深受社会传统文化和社会风俗习惯的渗透，因此民间规范在自身的发展过程中更加注重保护固有的逻辑和现状。哈耶克从文化自身的进化规律和秩序的向外辐射拓展两个方面分别论证了民间规范更加保守的原因：在逻辑上、心理上和时间上，本能比习俗更久远，习俗又比理性更久远。习俗不是出自无意识的因素，不是出自直觉，也不是出自理性的理解力，而是建立在人类经验基础上通过文化进化的过程形成的。人们通过学习获得的习惯越来越多地取代了本能反应，这并不是因为人们利用理性来实现习俗的优势，而是因为习俗使人们有可能将秩序扩展到个人视野之外。即便是在没有明确目的的社会成员之间，这种秩序也能够促使他们进行更好的相互协调和分工，从而维持更多的人口，取代其他社会群体。新制度经济学者进一步通过制度演化博弈分析指出，习俗是"人们社会活动与交往中的一种演化稳定性，一种博弈均衡"②。在制度演化过程中，民间规范的守成，是一种能够形成博弈均衡的策略，一旦某一民间规范的守成作为演化稳定策略在一个社会群体形成，每个社会成员都会黏附于这种策略。③

与具有守成倾向的民间规范相反，地方立法尤其重视创新。在

---

① ［英］波普尔：《科学知识进化论：波普尔科学哲学选集》，纪树立编译，生活·读书·新知三联书店1987年版，第27页。
② 韦森：《制度分析的哲学基础：经济学与哲学》，上海人民出版社2004年版，第156页。
③ 郭万敏：《地方立法与民间规范融合发展的路径探析》，《法治与社会》2020年第34期。

联邦制国家，除了地方自治对地方立法的创新提出了要求以外，不同地方之间进行激烈竞争的现状也会倒逼地方立法制定更为有效的法律规范。例如，美国特拉华州能够在激烈的州竞争之中拔得头筹，有赖于其对公司法立法的重视与创新，尽管新泽西、华盛顿等州在其他方面同样具有竞争力，但特拉华州营造了更适合公司发展的法治环境，并以此得到了许多大型公众公司的青睐。[1] 在单一制国家，地方立法同样负有进行创新的重任，在中央立法的过程中，需要地方来为中央提供基层性实践和探索经验，地方立法成为创新的起点。中国《立法法》第73条明确规定："除本法第八条规定的事项外，其他事项国家尚未制定法律或者行政法规的，省、自治区、直辖市和设区的市、自治州根据本地方的具体情况和实际需要，可以先制定地方性法规。"改革开放阶段，中国以地方为试点推动全国改革，大力支持地方立法先行先试的创新，并对其倾注了大量的关注："改革开放中遇到的一些新情况新问题，用法律来规范还不具备条件的，先依照法定权限制定行政法规和地方性法规，先行先试，待取得经验、条件成熟时再制定法律。"[2]

民间规范守成与地方立法创新之间的矛盾，看似导致了二者融合发展中的巨大障碍。然而，从制度演化博弈的角度来看，民间规范的守成倾向并非绝对无法改变的。演化博弈均衡意味着，"如果一个现存策略是演化稳定均衡策略，那么，必须存在一个入侵障碍，使得当变异策略的频率低于这个障碍时，现存的策略能够比变异策略获得更高的收益"[3]。如若将地方立法创新视作变异策略，为

---

[1] Mark J. Roe, "Delaware's Competition", *Harvard Law Review*, Vol. 117, No. 2, 2003, pp. 588–646.

[2] 吴邦国：《形成中国特色社会主义法律体系的基本经验》，《党政干部参考》2011年第4期。

[3] 黄凯南：《演化博弈与演化经济学》，《经济研究》2009年第2期。

了达到演化稳定均衡的状态，只需保证地方立法创新能够为现存的民间规范提供更高的收益即可。在这种情况下，因地方立法创新存在的价值大于"现存策略"民间规范，最后将会取代民间规范来维持社会秩序。在现实中，由更为温情、文明的现代法律规范取代简单、粗暴的民间规范已经成为一种趋势。例如，传统社会观念中常见的"杀人偿命""以眼还眼、以牙还牙""丛林规则"等朴素同态复仇规范或私力救济规范概念，已经为国家立法所倡导的修复性责任规范和公力救济规范所迭代，并在通过法律观念的宣传和知识普及逐渐淡化旧有的观念。

如果民间规范的保护本就可以提供更有利的进化稳定策略，此时地方立法吸收有利的民间规范也意味着一种创新。中国部分少数民族地区仍沿用"赔命价"的习惯法来化解纠纷，相较于剥夺生命的死刑，"赔命价"的习惯背后是重视个体生命，强调教化而非惩罚的宽和思维，符合国际上呼吁废除死刑的法治价值观。如果地方立法能够从类似的民间规范有所借鉴，那么也可被视作一种文明而又富含温情的创新。通过上述事例可以看出，民间规范与地方立法创新之间虽然存在障碍与冲突，但却可以通过不同的方式加以化解，从而扫除障碍。

二 民间规范自发，地方立法建构

民间规范是自我衍生出的秩序，相比而言，地方立法则是通过建构诞生的秩序。这两种不同的秩序形成机制，也为融合民间规范与地方立法带来了一定的阻力。哈耶克最早提出了自生自发秩序，即自我组织的秩序的概念，哈耶克认为："自发社会秩序所遵循的规则系统是进化而非设计的产物，而这种进化的过程乃是一种竞争和试错的过程，因此任何社会中盛行的传统和规则系统都是这一进化过程的结果。"① 最为典型的自发秩序就是通过民间规范形成的秩序，某一社会群体基于"共同经验"即习俗形成的拓展秩序，是理性建构难以企及的。② 因为这种秩序并没有设定每个社会成员都充满理性，而是每个人都假定其他社会成员都会维持昨天的状况并延续其行为，所以会放心地开展社会活动和交往。哈耶克观察发现，在这种自发秩序中，人会本能地去遵守已形成的习俗和社会规范，并不会对此提出质疑。"个人几乎像遗传的本能那样无意识地习惯于遵从习得的规则，遵从习得的规则逐渐替代了本能，由于二者的决定因素之间有着复杂的相互作用，以至于很难将二者严格区分。"制度演化博弈论者进一步指出，人们通过反复的学习过程，自发地产生了某种习俗。习俗是"在有两个以上演化稳定策略的博弈中的一种演化稳定策略。这即是说，习俗是有两个以上行为规则中一种规则，而任何一种规则一经确立，就会自我维系"。

不同于民间规范在集体无意识下所选择的自发秩序，地方立法是在合理规划和设计基础上所形成的一套建构秩序。地方立法的可建构性体现在多个方面，如民众对地方立法"民主化""科学化"的呼吁，地方立法机关也往往会强调公众对立法规划和计划的参与度，并在立法时选择向专家寻求意见和建议。③ 在中国，很多地方的"地方立法"的依据都来自2015年修订的《立法法》第6条，规定地方立法应当"科学合理地规定公民、法人和其他组织的权利与义务、地方国家机关的权力与责任"。这样的规定被认为是地方立法的理性建构即科学立法原则的标志。④ 地方立法的逻辑在于理

---

① [英]弗里德里希·冯·哈耶克：《自由秩序原理》，邓正来译，生活·读书·新知三联书店1997年版，第6页。
② 李可：《习惯如何进入国法——对当代中国习惯处置理念之追问》，《清华法学》2012年第2期。
③ 李福林：《论民间规范和地方立法的互动与融合》，《政法学刊》2020年第1期。
④ 参见曹胜亮《论地方立法的科学化》，《法学论坛》2009年第3期。

性建构主义的建构秩序,并依照建构秩序形成机制,而在与基于文化进化论的自发秩序所形成机制的民间规范进行融合时,这种融合不免会面临一定的障碍。这是因为,自发的秩序中不存在对社会系统的设计和刻意规划,而一旦要重构秩序,则需要以人的理性依照一定的原则对社会制度进行改造和修正。

然而,无论是自发秩序还是建构秩序,二者的局限都是自身所难以克服的,如果不借助彼此的力量,那么便难以超越现实的困境。自发秩序重视利用现有的经验,问题在于,经验本身不能够满足自我批判和自我反思的要求,实现自我超越便成为奢望。建构主义的优势在于能够利用理性批判力量这一工具,挖掘出蕴藏于经验之中的普遍性和一般性,源于经验的同时又超越了经验自身,形成更为优越的理论。民间规范的长处在于富有经验性,因此吸收建构主义来超越自身并非难事。建构秩序需要人类社会进行理性的规划和设计,并严格依照这种理性来规制社会生活,从而完成对社会的改造以至于革新,但过度仰赖人类的理性,容易出现哈耶克所说的"致命的自负""科学的反革命",导致不可预计的后果。

在地方立法的理性建构之中融合民间规范的自发秩序,是避免地方立法出现理性自负倾向和过分自信的有效方法。伯尔曼认为,"习惯转变成法律在某种程度上是因为中央集权的政治权威的出现,当时需要在顶层有意识地重新组织,以便控制和指导中层和底层缓慢变化着的结构。于是,法律成了被改造的民间规范,而不只是立法者的意志或理性"。许多社会治理的案例表明了自发秩序和建构秩序相互融合是可能的。实践为人类所特有,也是人类社会的基本存在方式,通过实践人们能够复现真理,并以实践来重塑社会。民间规范中的自发秩序和地方立法的建构秩序虽然看似存在冲突,但经由地方的实践,可以找到二者互补,相互融合发展的方法。"在实践中,渐进理性所形成的经验成果与建构理性的设计与规划一同指导人们的实践活动,实践能克服理性的主观性和抽象性、片面性,又能丰富、肯定或否定经验。"①

三 民间规范自下而定,地方立法据上而立

民间规范扎根于基层社会,拥有着现实社会最基础的本色,可以说民间规范的目光始终离不开所诞生的土壤,因此是"自下而定"。地方立法,则必须将目光投向上层乃至中央,特点是必须依照上位法制定规范,并且地方在创制性立法时不得与上位法相冲突或相抵触,这一点虽不为单一制国家所独有,却在其中体现得更为明显。联邦制国家虽然以其自治性见长,但在国家意识形态问题上,地方立法依旧要回归其唯上性,强调"政治正确"。因此,地方立法总体上是"据上而立"。这两种矛盾的规范面向,同样也为二者的整合发展带来了一定的困难。

在传统中国社会中,鲜少存在上位法意义上的"上位规范"来对民间规范进行约束,因而对国家及其统治权力,民间基层社会便也缺少认知,因此常会葆有相当散漫甚至近乎无视的心态,"日出而作,日入而息,凿井而饮,耕田而食,帝力于我何有哉?"②秦始皇以郡县制取代分封制后,国家对地方的统治只达县级,县以下的社会阶层中则依靠民间规范扮演着维护秩序的角色,保障社会稳定运行,而在这一空间,民间规范大多数情况下不涉及对国家权力的考量。西欧社会中,封建制的统治自公元 4 世纪西罗马帝国的灭亡持续至 16 世纪初,王权仅局限于封建庄园,并且统治力极其有限,同时遭受到领土主权的冲击,除此之外,庄园中的习惯法、城市的

---

① 曹中海:《哈耶克进化论理性主义对罗尔斯理性建构主义的批判》,《学习与探索》2006 年第 4 期。

② 出自《击壤歌》,参见徐天闵选编《古今诗选》,熊礼汇校订,武汉大学出版社 2013 年版,第 4 页。

行会法，也都体现了对王权的轻忽。"从根本上讲，这个时期的全部文明是因循传统的，所以封建社会第一阶段的法律制度是以这样的观念为基础的：从来之事物事实上都是天然合理的，虽然确实受到更高道义的影响，但并非毫无保留地接受。"① 近代以来，随着民族国家的兴起与国家治理能力的不断提升，国家权力在立法技术上走向发达和成熟，自上而下地影响着民间社会。即便如此，民间规范在其自身效力范围内也并非完全与国家权力保持一致。如近年来中国试图推行"禁鞭令"和殡葬改革政策，但进入地方立法的环节时往往因其与地方民间规范相斥而遭到大规模抵制，民众对这种改动的不满甚至引发了群体性事件，由此可见二者隔阂之深。

若从人类社会规则演进的角度出发，这种"唯下"与"唯上"之间的矛盾，只是因为二者在各自发展过程中的侧重不同，因此在规则进化上，二者所引发的冲突并非不能被化解与调和。韦伯认为，从习俗到惯例、从惯例到法律，是社会秩序的动态的内在逻辑发展过程：法律、惯例与习俗属于同一连续体，它们之间的相互转化和过渡是难以察觉的。伯尔曼也指出："西方法律传统部分产生于基层团体内部以及它们之间社会和经济互相联系的结构。相互关系的行为模式需要规范：惯例被转变为习惯，习惯最终又被转变为法律。""法律既是从整个社会的结构和习惯自下而上发展而来，又是从社会的统治者们的政策和价值中自上而下移动的。法律有助于以上这两者的整合。"民间规范的运动自下向上，地方立法的运动自上而下，由此可见，经过缓慢的演进发展历程，二者可以实现彼此的衔接与统一，从而成功融合发展。

若从制度演化博弈论角度出发，探求地方立法与民间规范的互相协作，则在其唯下与唯上的交流过程中：社会发展进程中，博弈

---

① ［法］马克·布洛赫：《封建社会》，张绪山译，商务印书馆2004年版，第200页。

与合作是常态，相应在人类社会中也会产生博弈秩序，继而演化出博弈规则，如同法律一样，博弈规则的诞生或被建构完成后，又将反作用于人们，迫使人们根据规则进行社会博弈。此外，博弈规则建构完成后并不是一成不变的，人们在不断进行博弈的过程中，会根据需要和实际，以一种循环往复的方式不断地修改和完善博弈规则，这个过程可以是自下而上的，也可以是自上而下的。类似地，包括国家制定法、民间规范甚至乡规民约等在内的各种社会规则都是如此的发展过程，它们构成了社会的规则体系，不但需要依靠统治者自上而下的制定与修改，更需要民众在实践过程中自下而上的推动，这是两种不同的规范发展机制，现代法治社会受各种社会规则制约和规范，其中立法特别是地方立法，在联系中央与地方的过程中起到了至关重要的桥梁作用，在维系两种规范发展机制、促进地方矛盾纠纷解决、保障社会秩序层面发挥了积极作用，有利于促进社会规范系统的完善与发展。

第 五 章

构建民间规范与地方立法融合路径，推进治理能力现代化

地方立法和民间规范的融合，已是大势所趋。纵然二者之间存在融合上的难点，但这些难点并不会产生二者相容的绝对障碍。因其源头都是中国社会实践中的习惯，二者的价值取向以及规则原则等均可以相互借鉴与吸收。二者的差异与彼此间相对优势也正是二者融合的基础与目标，融合中的冲突问题都可以通过立法技术予以缓和。

第一节 实现操作性：两种规范体系融合的方向

民间规范作为一种特殊的规范形式，对于地方立法而言，有着重要的借鉴意义。有学者认为："按照法的某种社会学概念，习惯起着重要作用，因为法是以它为基础而建立，立法者、法官及学说也是以它为指导而实施法与发展法的。相反，实证学派却尽力把民间规范的作用缩到最小；它认为在已制订成法典、同立法者的意志等同起来的法中，习惯只能起最小的作用。"[①] 实证法学对制定法的

---

① ［法］勒内·达维德：《当代主要法律体系》，漆竹生译，上海译文出版社1984年版，第121页。

迷信和对民间规范的忽视，根本原因在于没有看到习惯等民间规范也能够成为地方立法的重要资源。甚至可以说，实证法学过分地夸大了制定法的规范作用。

一 设区的市立法吸取民间规范的前置条件

设区的市不应一味地排斥民间规范，也应当吸收民间规范，从有利于地方立法的角度看，设区的市立法应当注意如下问题：设区的市的立法的范围和行使条件。为落实党的十八届四中全会的精神，在立法法修改中既要依法赋予所有设区的市地方立法权，以适应地方的实际需要；又要相应明确其地方立法权限和范围，避免重复立法，维护国家法制统一，所以 2015 年《立法法》对设区的市的立法范围作出了明确界定。为了恰当运用地方立法权，法律还对设区的市的立法权的纵向范围作了规定，条件有五：一是为执行法律、行政法规的规定，需要根据本行政区域的实际情况作具体规定的事项；二是地方性事务中需要制定地方性法规的事项；三是在全国人大及其常委会专属立法权之外中央尚未立法的事项；四是设区的市立法不得涉及法律保留事项；五是设区的市立法权限需要遵循不抵触原则。由此可见，民间规范进入设区的市的立法也应当符合如上条件。

根据《立法法》第 72 条的规定，设区的市行使地方立法权时，只能从城乡建设与管理、环境保护、历史文化保护等方面入手寻找可能共存的民间规范资源，这大大缩小了可适用的民间规范的范围和类型。值得指出的是，"城乡建设与管理、环境保护、历史文化保护等方面"所指的内容到底有多宽，目前还没有权威论证意见。如前所述的"彩礼或者见面礼"，不属于法律保护的范畴，但是在地方立法中，却应当甚至尤为紧要地对这一问题进行地方立法意义上的关注。那么"彩礼或者见面礼"是属于"历史文化"方面的内容呢，还是属于"城乡建设与管理"方面的内容呢，尚需权威机关的进一步解释或者论证。

二 设区的市立法吸取民间规范的路径

任何立法都是技术活，不是简单依靠体力就能够完成的。因为立法不仅需要考虑立法机关的权力、职责，更要考虑立法条文之间的逻辑关系，并尽可能预料到条文所带来的法律问题。设区的市在行使地方立法权之时，对待民间规范应当有两种路径：一是宏观指导型；二是具体表达型。从宏观指导层面来看，可以在一定层面上认可民间规范的法律效力。不过，在民事领域，这一工作已经被2021年1月1日施行的《民法典》肯定。这就意味着，未来法官在裁断案件的时候，完全有可能依据习惯作出司法裁决。但在讲到适用"习惯"时是有前提的，即没有法律才应当遵守习惯，且不得违背社会的公序良俗原则。这意味着，在既有法律又有习惯的前提下，习惯仍然是第二位的规范选择。但是，这也给地方立法在吸取民间规范之时留下了可能的空间。地方立法也可以通过宏观宣示，保障符合公序良俗的民间规范对民众权利义务的保护，也可以宏观地提出对落后的、带有封建因素的民间规范的抵制。从具体表达来看，地方立法可以就符合《立法法》要求或者目的的事项制定地方性法规，在涉及民间规范时，用比较具体的语言将民间规范表达出来，以满足民众的规范需要。

三 设区的市立法吸取民间规范的方法

设区的市行使地方立法权，要能够有效地对待民间规范，至少有两种方法可供选择：一是吸收，二是变通。从吸收来看，主要是地方在行使立法权时，要吸取那些有利于法治发展、有助于保护公民权利等充分发挥正能量的民间规范。有人曾考证，清朝实际上是一个非常重视借鉴他国规范和经验的国度。乾隆初年曾以"苗民风俗与内地百姓迥别"的理由，下令"嗣后苗民自相争讼之事，俱照苗例完结，不必绳以官法"。具体来说，进行地方立法之时，要对本地存有的民间规范资源进行调查，对于能够进行立法的民间规范资源进行保护性的规定。但是对于那些并非完美的习俗，应当通过立法予以完善和进一步规制。比如，在很多地方，赶集已经是一种习惯性活动。但是，每逢赶集之日，就是大堵车之日。如果在地方立法中对赶集的场所等做一个对人们属于倡导性的、对政府属于规范性的地方性法规，将具有非常现实的意义。

从引导来看，主要是指地方在行使地方立法权之时，可以根据形势的发展变化，通过地方立法进行必要的引导，使得风俗习惯与地方立法的需求相一致。从地域范围来说，设区的市中的人们可能大致分享相同的价值观念，也可能存在共同遵守的民间规范，因而民间规范具有一定程度上的保守性和稳定性。然而，这并非说民间规范是一成不变的。相反，从事实上看，民间规范往往随着时代的发展而会有不断的变化。这说明地方立法引导民间规范拥有充分空间。但是，对民间规范的地方立法引导需要立法者有高超的水平、前瞻性的眼光和较强的预测能力。值得注意的是，现代社会是一个流动性非常强的社会，新疆人可能到贵州，贵州人也可能到东北，而东北人有可能去海南，这样就可能形成一种奇特的现象，即不同习惯的人可能居住在一起，各自有着自身的习惯，但又可以和平地平等相处。当然，有时候也有相互的习俗不能包容的时候，此时就需要地方立法充分发挥智慧，充分注意到各种不同的习惯群体所拥有的民间规范可能存在的"公约"因素，通过提取"公约数"，实现地方立法的最大效力。

四　设区的市立法吸取民间规范的程序

党的十八大报告提出的新时代法治建设的"新十六字方针"中，首要的要求就是"科学立法"。立法的科学与否，不仅在于构建一个和谐严谨的规范，而且在于要能够使立法满足民众需要。地方立法本身就具有"地方性"，不能"一抄了之"。对此，在坚持科学立法的前提下，在程序上一定要坚持开门立法，坚持公众参与，实现大众民主。所谓坚持开门立法，就是指在作出地方立法决策之时，就应当听取民众的意见，保证立民众需要之法，保证立法决策科学化，而不应当是立时髦却又毫无意义的法律。在确定立法主题之后，立法机关应当坚持调查研究，充分全面收集立法资料，充分全面挖掘民间规范资源，以保证地方立法的针对性、特殊性、特色性、具体化和实用化。

此外，对地方来说，最重要的程序性制度是公众参与程序。蔡定剑教授指出："作为一种制度化的公众参与民主制度，应当是指公共权力在进行立法、制定公共政策、决定公共事务或进行公共治理时，由公共权力机构通过开放的途径从公众和利害相关的个人或组织获取信息、听取意见，并通过反馈互动对公共决策和治理行为产生影响的各种行为。"[①] 民众参与到地方立法当中，就能积极反映自身的诉求，当然也能够充分将民间规范资源表达出来，从而保证立良善之法的根本目的能够实现。

---

① 蔡定剑：《公众参与——风险社会的制度建设》，法律出版社2009年版，第5页。

第二节　把握统一性：两者融合发展的前提

民间规范与地方立法的统一性，是二者融合发展的重要基础，这要求地方立法应当在法律授权的范围内与民间规范进行融合，该融合过程与融合结果应当被纳入合宪性审查的范畴。同时，还应当尽快建立起地方立法融合民间规范的评估机制，实现地方立法与民间规范的有机结合，进而维护立法体系的稳定，推进地方治理体系和治理能力的现代化。

一　地方立法应在其法定权限内与民间规范进行融合

作为中国的根本法，《宪法》为法治建设的稳定性、统一性和协调性设定了相应的原则与框架。在治理能力现代化和依法治国的背景下，地方立法不断通过各种方式进行立法范畴的扩张，这对《宪法》已设定的原则与框架带来了一定的挑战。多元化的社会格局更加重视民间规范的作用与价值，但地方立法与民间规范之间的鸿沟，在短时间内很难填平。在该鸿沟的分隔下，地方立法与民间规范应当在特定的范围内进行融合。倘若超出该范围，必定会对地方立法规范体系的稳定性、统一性和协调性带来冲击。

根据中国《立法法》的规定，无论是在级别方面还是在适用范围方面，中央立法和地方立法都扮演着不同的角色。从纵向来看，地方立法应当在中央立法的原则与框架之下，作为承上启下的桥梁，地方立法应当将中央立法的原则与精神落实到地方发展之中；从横向来看，在中央立法的指导下，不同地区的地方立法分别解决各自的问题，既存在与中央立法内核一致的相似性，又存在地区之间的差异性。是故，在与民间规范进行融合的过程中，地方立法不应当脱离其固有的角色定位，从而保证地方立法功能的发挥。同样地，民间规范主动进入地方立法时，也应当保证该融合过程不与上位法的原则、理念等相冲突。尤其在中央立法不曾涉猎的领域，如遇有需要先行立法试点的情况，更应当谨慎处理地方立法与民间规范的关系，做到具体问题具体分析，以维护法律体系的内在统一。

二 将地方立法与民间规范的融合纳入合宪性审查的范畴

治理体系现代化的内涵在于机制体制、法律法规的完善，该立法体系既包括中央立法体系，也包括地方立法体系。地方立法是国家治理体系现代化的重要基础，地方立法的完善，也有助于国家治理体系和治理能力现代化的推进。

在规范多元化发展的背景下，地方立法与民间规范相融合的呼声也越来越高，地方立法亦兼具与国家立法保持统一的从属性和积极解决地方实际法律问题、体现地方立法特色的自主性。地方立法的目的在于针对地方特色制定符合地方事宜及需求的法律，因此各地方立法之间不可避免地会存在一定的差异。但无论出现怎样的差异，无论该差异应当采取怎样的手段进行弥补，都不应超出宪法所设定的制度范围。

作为国家的根本法与全国人民的共同契约，宪法体现了党和人民的共同意志，不仅是中央立法的基本准则，也是地方立法的根本框架。《立法法》（2015年修订）第87条明确指出："宪法具有最高的法律效力，一切法律、行政法规、地方性法规、自治条例和单行条例、规章都不得同宪法相抵触。"并在第97条、第98条、第99条分别规定了"行政法规、地方性法规、自治条例和单行条例同宪法或者法律相抵触的"进行改变或者撤销地方性法规、规章的权限以及备案、审查制度。据此，地方立法与民间规范的融合，同样应当被纳入合宪性审查，以保障宪法的权威性，提高地方立法与民间规范融合的质量。

三 构建地方立法融合民间规范的评估机制

地方立法作为精英立法的体现，通常由立法者根据已有的立法范本或者直接从零开始进行构建。受央、地两级立法体系的影响，地方立法照搬照抄上位法而不具地方特色的现象不胜枚举，导致了立法资源的大量浪费，并且背离了地方立法的初衷。因此，有必要就地方立法与民间规范的融合，建立起地方立法的前期评估机制和后期评估机制。

地方特色是地方立法的灵魂与生命。地方立法融合民间规范的前期评估机制，重点在于对地方立法是否符合地方特色进行审查。首先，在地方立法的程序过程中，应当充分体现地方立法对民间规范的尊重。民间规范调研机制的目的并不在于整理、保存民间规范的文本，而是在于通过民间规范调研来发掘地方特色、地方需求，进而明确地方立法的逻辑与方向。因此，必须对地方立法之前的民间规范调研进行程序性审查，为地方立法融合民间规范奠定基础。其次，在地方立法的实体性内容上，要着重评估地方立法是否充分体现了地方特色及需求。地方立法的第一要义，是发现地方问题、解决地方问题。如果地方立法单纯地表现为对上位法的照搬照抄，那么进行地方立法的价值何在？直接适用中央立法反而能够取得更为直接的效果。因此，地方立法前，必须全面评估立法的特色性和针对性，避免地方立法与地方实际的脱节。[1] 这也是地方治理体现现代化的必然要求。

地方立法融合民间规范的后期评估机制，重点在于从治理能力暨地方立法实施效果的视域出发，评估地方立法与民间规范融合的

---

[1] 李福林：《论民间规范和地方立法的互动与融合》，《政法学刊》2020年第1期。

价值。一方面，应当分析地方立法与民间规范的融合程度及融合效果，对于不恰当的融合应当进行及时调整；另一方面，民间规范本是一种自发自生的秩序，其总是在悄无声息地发生各种变化，因此，后期的评估同样要基于民间规范的衍变，对地方立法与民间规范的吻合度予以动态的评价，并形成二者之间的持续性互动。

第三节　体现针对性：地方立法须尽量关注客观现实

中国地域辽阔，不同地区之间具有差异明显的自然环境与人文环境。因此，地方立法工作，应当加强立法针对性，集中解决不同地区的主要问题。同时，尽管中国城乡差距一直在缩小，但城乡差异始终存在，尤其是在乡村振兴的时代，如何做好乡村法治建设，也是地方立法必须重点关注的课题。

一　重视地方特色，增强地方立法的针对性

如前所述，中央立法的覆盖范围是全国所有地区，因此，中央立法的设置，必须对个别地区的地方特殊性作出妥协。但地方在实践中，倘若直接适用中央立法，又有可能造成法律适用中的差错，不仅无法解决实际问题，反而会对法律实践造成新的困扰。为此，地方立法应运而生。[1] 针对中央立法在地方适用过程中的不足，地方立法应当尽量避免对中央立法的照搬照抄，同时要把握几项要点。

首先，要把握不同地区在自然环境和人文环境方面的差异，这

---

[1] 参见刘作翔《关于社会治理法治化的几点思考——"新法治十六字方针"对社会治理法治化的意义》，《河北法学》2016年第5期。

也是"地方特色"的初始之意。中国疆域辽阔，各地地形差异明显，自然环境区别较大，这必然会对地方立法产生直接的影响。以环境立法为例，西部地区生态环境脆弱，在环境立法过程中，通常会强调对其原生态环境的保护，避免过度开发；而东部地区生态环境破坏严重，立法重点则在于如何减少破坏，减缓环境破坏的趋势并且引导环境改善。同时，中国又是一个典型的多民族国家，不同民族都有着各自的风俗习惯，有些民族甚至有依然流传使用本民族的语言，如藏语、蒙语、壮语等。因此，在地方立法过程中，尤其是少数民族分布较多的地区，就应当考虑到少数民族居民的现实需求，避免对多民族关系产生不良影响。

其次，在中央立法的领导下，地方立法要做好衔接，使象征着国家权力的中央立法合理有效地深入地方，促进中央立法落实到位。所谓做好衔接，主要包括两方面内容。一方面，地方立法应当在中央立法的框架下进行，不能够突破中央立法的本意和范围。按照法社会学的理论解读，法治应当是现代国家治理最重要的手段之一。在这一语境下，地方立法就应当是中央政府在中央立法的框架下，对地方进行有效治理的有效模式。通过地方立法来贯彻中央立法的价值与理念，也正是地方立法的目标之一。另一方面，地方立法又不能照搬照抄中央立法。当前的地方立法实践中，一个很大的问题，便在于地方立法照搬照抄中央立法，以至于地方立法流于形式，根本无法起到其应有的效果。因此，地方立法机关在立法工作中，应当尤其注意这一点，让地方立法肩负起承上启下的使命。

最后，从不同地区的发展状况来看，中国各省市、各地区之间，政治、经济、社会、文化等多方面，都存在较大的差异，因此，不同地区的内部，都或多或少存在不同程度的利益博弈。事实上，立法本身也是不同主体之间相互进行利益博弈的过程。因此，地方立法也应当关注其所属地区内，政治、经济、社会、文化等多方面的不同需求以及彼此的匹配化程度，从而对地方立法进行一定程度的侧重，实现多维立体的法治。在此过程中，地方立法更应当注重地区内部不同主体之间的诉求和博弈，甚至可以考虑建立地方专职立法人员制度①，从而实现利益衡平，因地制宜地进行地方立法。

二 加强对乡村立法的支持和保障

作为中国社会的基石，乡村在近年来有了质的飞跃，乡村社会中的古老因素"通过适应性调整，以新的形式存在于现代都市社会中"②，传统乡村社会的基础也发生了改变。③ 而在地方立法的具体操作中，乡村立法也是不可忽视的要素。党的十九届五中全会指出，要优先发展农业农村，全面推进乡村振兴。坚持把解决好"三农"问题作为全党工作重中之重，走中国特色社会主义乡村振兴道路，全面实施乡村振兴战略。这也就为乡村立法提出了新的时代要求。

（一）加强党对乡村法治的领导，强化乡村振兴的政治保障

坚持党的领导既是社会主义法治的根本要求，也是乡村振兴法治保障的现实需要。习近平总书记指出："党的十八届三中、四中全会分别把全面深化改革、全面推进依法治国作为主题并作出决定，坚持党的领导，是社会主义法治的根本要求，是全面推进依法治国的题中应有之义。要把党的领导贯彻到依法治国的全

---

① 参见黄文艺《论立法质量——关于提高中国立法质量的思考》，《河南省政法管理干部学院学报》2002 年第 3 期。
② 参见周大鸣《从乡村宗族到城市宗族——当代宗族研究的新进展》，《思想战线》2016 年第 2 期。
③ 参见周大鸣、廖越《我们如何认识中国乡村社会结构的变化："原子化"概念为中心的讨论》，《广西师范学院学报》2018 年第 4 期。

第五章　构建民间规范与地方立法融合路径，推进治理能力现代化　/　185

过程和各方面。"① 中国共产党建党一百周年来，中国各地区的经济建设、政治建设、文化建设、社会建设、生态建设等各个领域都取得了巨大的成就，人民的生活也发生了翻天覆地的变化，这些都离不开党的领导和支持。同样，在乡村振兴法治建设中，只有坚持党的领导，才能最大限度地推动乡村振兴战略的落地；只有坚持党的领导，才能确保乡村治理法治化的社会主义方向，才能发挥党总览全局、协调各方的能力，才能更好地投入乡村治理现代化的进程中。

工人
（工勤技能人员）
648.1万名

农牧渔民
2581.7万名

企事业单位
社会组织专业
技术人员
1507.5万名

企事业单位
社会组织管理
人员
1061.2万名

党政机关
工作人员
777.3万名

学生
306.7万名

其他
职业人员
720.5万名

离退休人员
1911.8万名

图 5-1　党员职业分布情况

资料来源：中国共产党党内统计公报（https：//www.12371.cn/2021/06/30/AR-TII625029938331844.shtml）。

据统计，"截至 2021 年 6 月 5 日，中国共产党党员总数为 9514.8 万名，有基层组织 468.4 万个，比上年增加 18.2 万个，增

---

① 《习近平谈治国理政》第 2 卷，外文出版社 2017 年版，第 114 页。

幅为3.9%"①。毫无疑问，只有基层党组织得到全面提升，才能够牢牢把握乡村振兴法治建设的总体要求，才能实现基层党组织的组织资源优势，并切实转化为乡村振兴法治保障的优势。

（二）夯实农村法治建设基石，助推乡村振兴的法治保障

经济基础决定上层建筑，乡村法治建设离不开农村经济发展的有力保障。农村法治的完善，意味着把农业生产的发展和农村基层政权的巩固，纳入农村法治的轨道。在此基础上，政府应着力加快发展高效现代农业，推进农业生产供给侧结构性改革，加大创新农业科技力度，转变应用能力，进一步稳定粮食生产，加大农村基础设施包括通信、交通，以及其他各类基础设施建设力度，促进农村经济的繁荣发展，为农村法治建设奠定坚实的基础。此外，要积极适应农村法治建设的新要求，努力提高农村教育水平，合理分配教育资源，使农民能够熟悉法律程序，运用法律保护自己的合法权益。

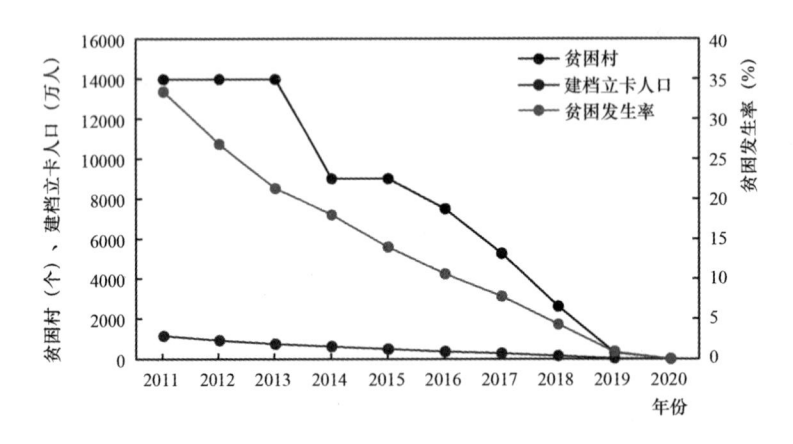

图5-2 2011—2020年全国脱贫发生率和剩余贫困县数量

数据来源：《中国农村贫困监测报告2020》和国家统计局。

---

① 数据来源为央广网新疆频道（http://xj.cnr.cn/2014xjfw/2014xjfwtt/20200701/t20200701_525150778.shtml）。最新访问时间2022年5月12日。

（三）完善乡村法治运行机制，深化乡村振兴制度保障

乡村振兴战略提出后，国家出台了一系列法律文件等，进一步明确乡村振兴战略的总体布局与设计，为完善农村法治运行机制提供了有力的法治保障。下一步要完善乡村法治运行机制，一是对出台的涉农法律制度，以及配套制度作进一步修订完善。特别是要将那些经过实践证明行之有效、条件成熟的制度，及时通过法定程序上升为法律，也要对不适应乡村振兴要求的法律法规，及时修改和废止。二是优化完善法律在农村的运行体制机制。鉴于目前农村基层法治资源缺乏，要紧密联系农村基层实践，针对村民经常发生的邻里冲突、老人赡养、孩子抚养等问题，要采取送法到家的办法，积极探索简便易行的巡回审判方式，一方面减少村民的成本投入，另一方面实现普法方式的创新与发展。

（四）完善村民自治规范体系，推动乡村振兴自律保障

《村民委员会组织法》作为村委会权力运行的基本法规，在一定程度上突出了村委会的产生、职责和运行。同时也在一定程度上弱化了村民自治的主体及村务监督小组的作用，这与村民自治的发展要求是不相适应的。在乡村振兴战略实施中，需重点考虑当地社会的特殊风俗和传统习惯。一是要厘清职责权限和范围。不得曲解或另行安排法律已规定的事项，杜绝通过乡规民约来扩大或缩小法律服务的范围。二是要不断借鉴吸收传统文化之精髓，对民间规范的运用要去粗取精。三是在村规民约的制定与修改中，要充分发挥村民的积极主动性与创造性，保证村民的参与权、讨论权和投票权。四是要对村规民约进行法治改造。引进高素质的法学专家对村规民约的制定进行指导和规范，坚决废除与国家法律相违背的内容，从而提高村规民约的科学性。

(五)加强乡村普法教育宣传,推进乡村振兴宣传保障

一是突出普法的重点对象。要求着重抓好少数关键人员,狠抓乡镇干部、农村基层执法人员、驻村干部、农村"两委"班子成员,以及法治宣传员、法律明白人及人民调解员等。二是突出普法教育宣传的重点内容,要与农村的现实需要进行紧密的结合,重点宣传与农民生产生活密不可分的法律法规,如《中华人民共和国民法典》《农村土地承包法》《土地管理法》《治安管理处罚法》等,力求让这些法律家喻户晓、深入人心。三是创新普法教育途径,充分利用现代化的自媒体等平台,使法律宣传内容更加直观简洁,便于群众接受和认可,实现宣传效果的最大化。

(六)加强农村法治队伍建设,提高乡村振兴人才保障

乡村振兴的法治保障离不开一支专业的人才队伍。当前,中国农村法律人才主要集中在司法所、法庭、乡镇派出所等机构,而基层法律服务队伍同时承担了大量的行政性质的工作,加强法治人员的法治意识和法治能力迫在眉睫。一是加大农村专业法律服务人才库建设力度。以司法所、派出所、法庭及综治办等机构为阵地,依照一定的人口比例配备一定数量的专业法律服务队伍,组建乡村振兴律师服务团队,进一步落实"一村一顾问"。二是加大乡村干部法律培训的力度。对于乡镇政府的工作人员、村干部及驻村干部进行有针对性的培训,聘请具有深厚理论知识,熟知基层和农村的法学专家,对基层干部进行培训,从而提高此类人员治理的能力。三是完善基层干部的法治评估和考核机制。要将依法行政作为干部职位晋升的重要内容,同等条件下应优先提拔法治专业素养高、依法办事能力强的干部。

第四节　注重创新性：立足具体
实践，形成中国经验

无论是中央立法还是地方立法，立法创新性都至关重要。所谓立法的创新性，不在于形式上的创新，而在于立法实质内容的创新，即在分析实际问题的基础上，使地方立法更具可操作性，进而形成独特的地方立法经验。立法创新性，要求杜绝僵化操作，关注民众需求；在地方立法与民间规范互动融合的过程中，为民间立法留出一定的空间；立足实践需求，构建民间规范调查制度；坚持群众路线，增强立法的透明度和参与度。

一　杜绝僵化操作，关注民众需求

部分地方立法者在地方立法的过程中，偶尔会对民间规范或民间习俗等进行全盘式的肯定或否定。这一现象的背后，有多种原因。其一，部分地方立法者法律素养较低，专业水平不高，在立法过程中无法对整个法律体系形成客观准确的认识，地方立法"放水"现象屡禁不止。其二，部分立法者在工作中大量存在懈怠、懒惰的现象，立法本身具有极高的技术要求，而立法者不去认真调研或讨论，即使地方立法的结果并没有产生直接的不良影响，这样的"平庸之恶"也会对整个立法生态有所侵蚀。其三，立法者不关注民众实际需求的情形也屡见不鲜，主要表现为立法者不从实际出发，导致本以解决地方实际问题为目的的地方立法脱离社会实践，造成了立法资源的严重浪费。

例如，近年来备受关注的吃狗肉之争。中国地域辽阔，各地饮食习惯也有较大的差异。有些地区有吃狗肉的风俗，甚至有相应的节日庆典，但也有人对于吃狗肉一事表示强烈的反对。表面上看，这是对狗的态度的差异，但从法律上看，这也是不同的法律思想之争。在这样的思想冲突之中，地方立法者或地方政府如何处理相关矛盾，则能够很大程度上展现地方的依法治理水平。而在结婚年龄的问题上，中国法律虽然对公民的结婚年龄有着明确的要求，但是地方立法并不能够直接照搬中央立法，而应充分考虑地方不同民族的实际需求。例如，有些民族人口极少，且自古以来就有结婚较早的习俗或宗教信仰。对此，地方立法就应当尊重当地各民族的婚姻习惯，对结婚年龄作出弹性规定，否则必将脱离实践，无法满足民众的实际需求。

二 发挥民间规范能动作用

"任何习惯一旦纳入制定法，付诸文字，就或多或少地失去了其作为习惯的活力。"[①] 地方立法与民间规范的融合与互动，不意味着地方立法要对民间规范进行全盘吸收，而是要在进行充分的立法价值衡量后，对民间规范进行选择性的吸收。[②] 但值得注意的是，无论民间规范是否被地方立法吸收，民间规范总会在其相应的空间和领域内，发挥着地方立法所不具有的能动作用。

这种能动作用主要体现在以下几方面。第一，没有被地方立法吸收的民间规范，不一定就是不合理、不文明的民间规范，这只能代表其在特定时期或特定环境中，还不具有被地方立法吸收的价值。而地方立法不是万能的，在地方立法难以发挥作用时，未被地方立法吸收的民间规范则可以发挥其能动作用，解决特定领域内的问题。第二，没有被地方立法吸收的民间规范，可以为将来的地方

[①] 苏力：《送法下乡：中国基层司法制度研究》，北京大学出版社2011年版，第190页。
[②] 王青林：《民间法基本概念问题探析》，《上海师范大学学报》（哲学社会科学版）2003年第3期。

立法进行立法方向指引。因为随着时代的变迁和社会结构的进一步变化，现阶段价值有限的民间规范有可能在将来会产生较大的法律效益。第三，已经被地方立法吸收的民间规范，也可以发挥其对于地方立法质量的衡量作用。如果民间规范本身是有价值的，但是被地方立法吸收之后，反而无法发挥其本应有的作用，这样的地方立法无疑是失败的。在接下来的地方立法工作中，这也将是地方立法者需要着重分析的难题。

三 立足实践需求，构建民间规范调查制度

民间规范作为"真正的地方性知识"，从多方面、多层次反映着地方的法治传统和伦理价值。[1] 也正如卢梭所言，民间风尚、习俗这"第四种法律"[2] 在社会中自发形成，能够天然地获得人们的认同感。因此，地方立法的一大前提便在于充分了解民间规范，让地方立法能够充分地展示地方特色，解决实际问题，从而避免地方立法落入照搬上位法的窠臼。而要想充分认知地方的民间规范，前提就是对民间规范进行系统的调研和整理，借此分析地方立法的需求和方向。遗憾的是，目前中国普遍存在民间规范调研机制的缺位问题。

地方立法的前期调研活动，更多地体现为经验调查或民意调查。不同于地方立法本身的前期调研工作，在利用民间规范进行地方立法前，更有必要立足民间规范的复杂性、零散性、广泛性与灵活性，对民间规范进行系统化的调研分析，建立起必要的地方民间规范数据库，充分发掘已有民间规范的价值与意义，对之

---

[1] 周赟：《空白抑或留白：经济特区立法中民间规范缺位问题研究——以某市人大经济特区立法为例》，《法学杂志》2019年第11期。

[2] ［法］卢梭：《社会契约论》，何兆武译，商务印书馆1982年版，第73页。

分门别类以促进地方立法建设。否则，地方立法与民间规范的融合发展极有可能呈现不全面的状态，甚至沦为空谈。例如，从1907年起，清政府为制定商法而开展了全国范围的商习惯调查。[①]而后，北洋政府亦十分注重民间规范的调查，并编撰《票据习惯目次》一书，据此丰富资料与研究成果，最终促成了票据法的问世。[②]

清末以来的民间习惯调查，为依法治国理念下地方立法与民间规范的融合提供了经验借鉴。一方面，地方立法之前，应当对民间规范进行系统调查、整理、分类、归纳，利用已有的民间规范为地方立法提供较为直接的立法资源和立法范本，从而提高立法效能，降低立法成本。另一方面，对民间规范的调查，更应当深入民间规范的根源、产生、发展等，深刻认识民间规范的生存土壤与精神实质，将民间规范"活的理念"贯彻到地方立法的工作当中，提高地方立法成果的社会效能。

四 坚持群众路线，增强立法的透明度和参与度

公众参与立法，是地方法律规范体系不断发展完善的必要条件，也是社会多元化发展的必然要求。公众参与立法，有利于实现人民群众的主体地位，提高公民作为社会治理主体的积极性，推进治理能力现代化的进程。因此，完善公众参与立法的制度体系，具有重要的现实意义。

首先，要提高公众的立法参与意识，这也是完善公众参与立法的基础和前提。一方面，要加强立法宣传，让公民清楚了解自身所

---

① 王雪梅：《清末民初商事立法对商事习惯的认识与态度》，《四川师范大学学报》（社会科学版）2007年第4期。

② 张群、张松：《北洋时期对票据习惯的调查研究及其与立法的关系》，《清华法学》2005年第1期。

享有的立法权利和责任，增强公民的主人翁意识，培养公民良好的立法参与习惯；另一方面，立法部门要做好立法参与途径的公开，同时利用现代化手段如手机、互联网、电视等，不断丰富立法参与途径，为公众参与立法提供良好的氛围。立法部门应当对立法过程和立法规则进行公开，除了涉及国家秘密的信息之外，应当最大限度进行社会公开，吸纳公众的意见。对于立法规则的公开，则更加有助于公民了解立法规则和立法程序，更有针对性地发表立法意见，提高参与立法的质量。

其次，立法部门应当不断深化公众参与立法的内容和阶段。在立法工作正式开始前，要提前争取公众意见，对于与立法内容有密切关系的群众，要进行重点调研，了解公众需求，为公众设置畅所欲言的渠道；在立法工作开始后，从起草、到修改，再到审议、表决等环节，都应当广泛吸收公众参与，特别应当积极听取基层群众的意见，对于人民群众最关切的问题进行重点论证；[①] 而在立法工作结束后，也应当对立法过程中对群众意见的采纳情况进行反馈，对于未采纳的建议应当及时说明理由。

最后，立法部门要及时完善公众参与立法的工作机制。其一，应当建立起完善的群众意见收集汇总机制，对于群众的意见收集要做到全面、客观，从而利用大数据手段为信息的筛选做准备。其二，立法部门应尽快建立起评估采纳机制。在评估方面，应当根据立法目的、立法目标、群众实际需要等进行全方位的评估，在评估时不宜太武断、太主观；在采纳方面，要明确群众意见的采纳标准，并且对采纳与否进行民主评议和表决，避免一言堂。其三，立法部门还应当尽快建立起沟通反馈机制，不仅要与群众积极进行立法沟通，听取群众意见，还要对群众意见的评估结果及时进行反

[①] 吕金柱、石明旺：《论习惯在地方立法中的实现路径》，《学术探索》2012年第4期。

馈，避免打击群众参与立法的积极性。①

第五节　强化渐变性：在时代更迭中审视民间规范价值

随着时代的发展，社会秩序也经历了极大的变革。现代社会的思想土壤与古代社会的思想支撑已经有了极大的差异。因此，民间规范这一历史悠久的法律形式，自然也会在更迭的时代环境中，产生不同的时代价值。为此，在地方立法与民间规范融合的过程中，地方立法者应当时刻牢记、不断重新审视民间规范的时代价值，并且在立法过程中对传统法治精神进行充分的提炼。同时，基于中国的家族文化传统，地方立法中应注重家族文化的法律蕴含，提高地方立法的质量。

一　重新审视民间规范的时代价值

民间规范作为中国传统法律体系的代表，在中国法治建设的早期阶段，未能得到立法者的充分关注，甚至在某些地区，传统的民间规范在西方法治理念的冲击下，被部分立法者抵制。这种一元主义的论断，显然不是立法者所应有的立法态度。诚然，随着时代的变革和社会结构的调整，传统的民间规范在现代社会的适用过程中，难免会遇到阻隔，但这绝不应当是剥离民间规范的理由。相反，在现代社会中，民间规范的时代价值反而越来越重要。一方面，随着立法观念的进步与革新，人们逐渐认识到了民间规范的重要性，尤其是民间规范中所蕴含的中国传统的立法观念，在中国这样一个历史悠久的文明古国中，有着强大的生命力和社会土壤根

---

① 方世荣：《论公众参与地方立法的理论基础与现实意义》，《湖北行政学院学报》2005 年第 23 期。

基。一味地否认民间规范，实则是对中国传统礼法秩序的否认。另一方面，近现代以来，中国的法治体系，一度受到西方法治思想的较大影响，时至今日，这样的影响也明显存在。然而，西方法治思想与中国传统的法治思想在内核上存在一定的冲突，事实也不断证明单纯进行法律移植并不利于中国特色社会主义法治体系的完善。因此，要想让中国特色社会主义法治体系强化生命力，必须重新审视民间规范的时代价值，将民间规范中的本土思想、家族文化等融入现代法治体系中，从而实现地方立法的新突破。

二 地方立法对传统法治精神的提炼

地方立法与民间规范的关系，不仅仅体现为字面上的相似或者差异，更重要的，是从二者的精神内涵出发，来对二者的互动关系进行探讨。作为现代法治的代表，地方立法不仅有客观的、书面的文字表述，其法治精神也蕴含在这字里行间之中。然而，传统的民间规范有的能够通过文字、实物来进行展现，但有的只是一种思想形态或约定俗成的规则。因此，如果单纯对民间规范进行字面上的理解或进行文字、实物方面的检索，必然是不全面的。

因此，地方立法对民间规范的吸收与整合，关键之处也不在于对民间规范具体规则的吸纳，更重要的是通过对民间规范所体现的传统法治精神进行提炼和概括，从而让民间规范的精神内核更好地融入地方立法的具体工作之中。例如，在殡葬改革立法的过程中，很多传统的民间习俗或民间规范虽然已经与现代文明不符，但立法者必须注意到，这种从现代文明视角中看到的"不符"，很大程度上是古代中国敬天法祖、追思怀远的思想体现。因此，在殡葬制度改革的过程中，对于很多明显的铺张浪费、大操大办、占用土地、污染环境等可以进行相应的规制或调整，但与此同时，一定要时刻把握当地民众敬天法祖、追思怀远的精神与丧葬目的。如果忽视了这一点而单纯对殡葬制度进行强制性调整，则必然会引发舆论冲突。①

三 家族文化的法律蕴含

埃利希认为，所有生活在社会中的人，从来不是也不可能是一个孤立的个人，每个人都生活在无数有时紧密、有时松散的团体中，个人在危难和不幸时从团体中寻求帮助和安慰，寻求道德上的支持，否则，他会感觉被抛弃、疏离、排斥。没有人能够超脱团体组织之外。而对于中国而言，中国自古以来最强大、最有生命力的组织，当然就是家族。古代中国是典型的农耕社会，交通不便，人们的生活范围相对较小，加之封建社会注重以儒家文化为核心的礼教，故自古以来，国人对于家族的重视，远远超乎其他国家，这种影响一直流传至今。

然而，随着社会的变迁，正如费孝通先生的比喻，中国逐渐从乡土社会转向工业社会，从传统的熟人社会转向生人社会。这是社会变革的必然结果，在未来，这样的变革趋势仍会持续。但是，这并不意味着家族文化会必然受到社会变革的冲击。尽管随着现代人们生活范围的扩大，家族的覆盖空间也逐步扩散，但传统的家族思想已经深深地扎在了国人的心理。即使是在国内的不同地区，只要提起"家族"二字，人们心中的情感必会油然而生。在传统的礼治状态下，家族文化在法律层面，则集中体现在民间规范中。因此，地方立法在与民间规范进行融合的过程中，必然要充分考虑到家族文化对这一过程的多方面影响。

例如，鉴于近年来子女不尽赡养老人义务的情形，地方立法机关在立法过程中就可以考虑通过相关条款对此情况进行规制，如强

---

① 参见汪俊英《农村殡葬改革的法社会学思考》，《学习论坛》2009年第3期。

制子女每月探望老人的次数，明确子女每月给予老人的抚养费等。考虑到近年来不断增长的离婚率，立法之际就应当对结婚、离婚草率的原因进行分析，地方立法机关可以基于地方特殊性，对"离婚冷静期"等问题作出更加具体的要求。尤其是关于殡葬改革问题，地方立法更应当考虑到当地浓厚的乡土文化和宗族情感，在殡葬改革方面既要文明创新，又要尽量避免过于冒进，否则不仅会影响殡葬改革的实际效果，也会破坏当地民众对法律的信任。总之，地方立法在对民间规范进行融合的过程中，必须对家族文化进行充分的考虑，从而缩小地方立法与民间规范之间的隔阂。

结　　语

在国家治理体系和治理能力现代化语境下，基于民间规范对社会关系调整所具有的独特优势，应当充分发挥其在社会治理领域的作用。这必须以处理好民间规范与地方立法之间的关系为前提。具体到地方社会治理层面，即是要实现民间规范与地方立法的良性互动。对此，应当厘清民间规范与地方立法良性互动的逻辑起点，正视民间规范与地方立法良性互动的困境，探寻民间规范与地方立法良性互动的路径。

民间规范与地方立法的良性互动既是对法治中国"三位一体"建设的必要回应，也是民间规范与地方立法发展的内生需求，并具备现实可能性。然而，民间规范与地方立法的良性互动仍面临"国家法中心主义"观念的阻碍，并受制于两者冲突的存在及交互的缺失。因此，实现民间规范与地方立法的良性互动，需要在引入"规范多元化"理念的基础上，对民间规范与地方立法的冲突予以调适，并以此促进民间规范与地方立法的交融。地方立法的本质就是要解决地方经济社会发展中的问题，或者促进中央立法在地方的实施而制定执行性规范。民间规范从习惯法上升为国家法的过程是法的发展过程的"常态"，凸显了地方立法的独特功能和原初目的。很多民间规范在全国范围内可能不具有普遍性，但在某个特定的地域范围内可能具有一定的普遍性。

　　民间规范与地方立法都属于一定范围的地方性知识，在地方治理实践中能够共同促进地方法治建设。地方立法作为国家立法体系中的重要组成部分，相对于高度统一的中央立法而言，其与民间规范具有更为紧密的联系。要实现地方立法在数量与质量上的平衡，解决地方立法实践中理性建构与经验演进、法律移植与法律继承的矛盾，必须利用好民间规范这把钥匙，促进地方立法与民间规范的密切合作和融合互动。一方面，民间规范为地方立法提供规范材料来源和社会合法性支持；另一方面民间规范也需要借助地方立法程序转化为正式法律制度。从治理体系的角度看，地方立法和民间规范的融合有助于地方立法的体系化并逐步完善，与中央立法形成补充和辅助，更好地发挥其调整本地区公共事务的功能。从治理能力的角度看，地方立法和民间规范的融合能够更好地彰显地方立法体系的特殊性，保持法律与社会公众之间的亲近感，减少地方立法实施过程中潜在的阻力或风险，让地方法治真正地活性化。在此背景下，推进地方立法与本地民间规范的互动、妥协、融合，充分调动地方立法积极性，有利于弥补中央立法的短板，体现地方立法特色与社会需求，最终实现社会的良法善治。为此，需要充分认识民间规范与地方立法融合发展的逻辑基础和可能性，消除其融合发展障碍，探寻其融合路径，为实施全面依法治国方略和推进国家治理现代化提供相应的理论支持与行动方案。

参考文献

一 著作类

卞利编:《明清徽州族规家法选编》,黄山书社2013年版。

崔卓兰:《地方立法实证研究》,知识产权出版社2007年版。

费孝通:《乡土中国》,北京大学出版社2012年版。

费孝通:《乡土中国——生育制度》,北京大学出版社2005年版。

封丽霞:《中央与地方立法关系法治化研究》,北京大学出版社2008年版。

高其才等:《当代中国法律对习惯的认可研究》,法律出版社2013年版。

高其才:《法理学》(第3版),清华大学出版社2015年版。

高其才:《中国少数民族习惯法研究》,清华大学出版社2003年版。

高其才:《中国习惯法论》(修订版),中国法制出版社2008年版。

公丕祥主编:《法理学》,复旦大学出版社2002年版。

公丕祥主编:《民俗习惯司法运用的理论与实践》,法律出版社2011年版。

胡恒:《皇权不下县?清代县辖政区与基层社会治理》,北京师范大学出版社2015年版。

黄宗智:《清代以来民事法律的表达与实践》,法律出版社2014

年版。

江平、米健：《罗马法基础》（第3版），中国政法大学出版社2004年版。

蒋传光：《中国特色法治路径的理论探索》，中国法制出版社2013年版。

瞿同祖：《清代地方政府》，范忠信等译，法律出版社2011年版。

李可：《习惯法：理论与方法论》，法律出版社2017年版。

梁治平：《清代习惯法》，广西师范大学出版社2015年版。

梁治平：《清代习惯法：社会与国家》，中国政法大学出版社1996年版。

梁治平：《寻求自然秩序中的和谐：中国传统法律文化研究》，商务印书馆2016年版。

林毓生：《中国传统的创造性转化》，生活·读书·新知三联书店1994年版。

刘作翔：《法律文化理论》，商务印书馆2013年版。

龙大轩：《乡土秩序与民间法律：羌族习惯法探析》，中国政法大学出版社2010年版。

吕世伦：《西方法律思想史论》，商务印书馆2006年版。

莫纪宏主编：《人权保障法与中国》，法律出版社2008年版。

莫纪宏：《法治中国的宪法基础》，社会科学文献出版社2014年版。

莫纪宏：《"非典"时期的非常法治》，法律出版社2003年版。

莫纪宏：《实践中的宪法学原理》，中国人民大学出版社2007年版。

莫纪宏：《为立法辩护》，武汉大学出版社2007年版。

莫纪宏：《宪法学原理》，中国社会科学出版社2008年版。

睦鸿明：《清末民初民商事习惯调查之研究》，法律出版社2005年版。

聂鑫：《中国法制史讲义》，北京大学出版社2014年版。

阮荣祥主编：《地方立法的理论与实践》，社会科学文献出版社 2008 年版。

沈宗灵主编：《法理学》（第 3 版），北京大学出版社 2009 年版。

苏力主编：《法律和社会科学》，法律出版社 2006 年版。

苏力：《法治及其本土资源》（第 3 版），北京大学出版社 2015 年版。

苏力：《送法下乡：中国基层司法制度研究》，北京大学出版社 2011 年版。

田成有：《乡土社会中的民间法》，法律出版社 2005 年版。

万其刚：《立法理念与实践》，北京大学出版社 2006 年版。

王伯琦：《近代法律思潮与中国固有文化》，清华大学出版社 2005 年版。

王健：《西法东渐——外国人与中国法的近代变革》，译林出版社 2002 年版。

王林敏：《民间习惯的司法识别》，中国政法大学出版社 2011 年版。

王铭铭、王斯福主编：《乡土社会的秩序、公正与权威》，中国政法大学出版社 1997 年版。

王志强：《清代国家法：多元差异与集权统一》，社会科学文献出版社 2017 年版。

吴大华等：《侗族习惯法研究》，北京大学出版社 2012 年版。

吴大华等：《中国少数民族习惯法通论》，知识产权出版社 2014 年版。

吴大华：《民族法学前沿问题研究》，法律出版社 2010 年版。

吴大华：《民族法学通论》中国方正出版社 1997 年版。

谢晖主编：《民间法文丛》，中国政法大学出版社 2010 年版。

谢晖：《大、小传统的沟通理性》，中国政法大学出版社 2011 年版。

谢晖：《法律哲学——司法方法的体系》，法律出版社 2017 年版。

熊文钊：《大国地方——中央与地方关系法治化研究》，中国政法大学出版社2012年版。

杨一凡主编：《中国古代法律形式研究》，社会科学文献出版社2011年版。

杨一凡：《明代立法研究》，中国社会科学出版社2013年版。

杨一凡：《重新认识中国法律史》，社会科学文献出版社2013年版。

张晋藩：《中国法律的传统与近代转型》，法律出版社2005年版。

郑志明：《中国殡葬礼仪学新论》，东方出版社2010年版。

周旺生：《立法学》，法律出版社2009年版。

二 译著类

［奥］埃利希：《法社会学原理》，舒国滢译，中国大百科全书出版社2008年版。

［奥］尤根·埃利希：《法律社会学基本原理》，叶名怡、袁震译，中国社会科学出版社2009年版。

［德］马克斯·韦伯：《经济与社会》第1卷，阎克文译，上海人民出版社2009年版。

［德］马克斯·韦伯：《儒教与道教》，王容芬译，商务印书馆2004年版。

［德］马克斯·韦伯：《学术与政治》，钱永祥等译，广西师范大学出版社2010年版。

［法］孟德斯鸠：《论法的精神》（上册），张雁深译，商务印书馆1997年版。

［美］E. 博登海默：《法理学：法律哲学与法律方法》，邓正来译，中国政法大学出版社2004年版。

［美］R. M. 昂格尔：《现代社会中的法律》，吴玉章、周汉华译，译林出版社2001年版。

［美］本杰明·卡多佐：《司法过程的性质》，苏力译，商务印书馆1998年版。

［美］霍姆斯：《法律的生命在于经验：霍姆斯法学文集》，明辉译，清华大学出版社2007年版。

［美］克里福德·吉尔兹：《地方性知识——阐释人类学论文集》，王海龙、张家瑄译，中央编译出版社2000年版。

［美］罗伯特·C. 埃利克森：《无需法律的秩序——邻人如何解决纠纷》，苏力译，中国政法大学出版社2003年版。

［美］罗斯科·庞德：《法理学》第1卷，余履雪译，法律出版社2007年版。

［日］千叶正士：《法律多元——从日本法律文化迈向一般理论》，梁治平、强世功译，中国政法大学出版社1997年版。

［日］滋贺秀三等：《明清时期的民事审判与民间契约》，王亚新、梁治平译，法律出版社1998年版。

［英］哈耶克：《法律、立法与自由》，邓正来等译，中国大百科全书出版社2000年版。

［英］哈耶克：《自由秩序原理》，邓正来译，生活·读书·新知三联书店1997年版。

［英］马林诺夫斯基：《原始社会的犯罪与习俗》，原江译，云南人民出版社2002年版。

［英］梅因：《古代法》，高敏、瞿慧虹译，中国社会科学出版社2009年版。

三　学术论文类

陈寒非、高其才：《乡规民约在乡村治理中的积极作用实证研究》，《清华法学》2018年第1期。

陈寒非：《民法典编纂中的民事习惯调查：历史、现实与方案》，

《福建行政学院学报》2015年第3期。

陈寒非:《乡土法杰与村规民约的"生长"》,《学术交流》2015年第11期。

陈益群:《论习惯和法律在司法领域中冲突与互动——兼谈司法公正的评价立场》,《法律适用》2005年第1期。

崔卓兰、赵静波:《中央与地方立法权力关系的变迁》,《吉林大学社会科学学报》2007年第2期。

邓正来:《中国模式的精髓——生存性智慧》,《社会观察》2010年第12期。

方世荣:《论公众参与地方立法的理论基础与现实意义》,《湖北行政学院学报》2005年第23期。

封丽霞:《中央与地方立法权限的划分标准:"重要程度"还是"影响范围"?》,《法制与社会发展》2008年第5期。

封丽霞:《中央与地方立法事权划分的理念、标准与中国实践——兼析中国央地立法事权法治化的基本思路》,《政治与法律》2017年第6期。

冯玲、李志远:《中国城市社区治理结构变迁的过程分析——基于资源配置视角》,《人文杂志》2003年第1期。

高其才:《当代中国法律对习惯的认可》,《政法论丛》2014年第1期。

高其才:《当代中国民族自治地方法规中的习惯》,《法学杂志》2012年第10期。

高其才:《通过村规民约的乡村治理——从地方法规规章角度的观察》,《政法论丛》2016年第2期。

高其才:《习惯法研究的路径与反思》,《广西政法管理干部学院学报》2007年第6期。

高其才:《乡土社会、伦理传统、法治实践与能动司法》,《哈尔滨工业大学学报》（社会科学版）2012年第3期。

高其才：《作为当代中国正式法律渊源的习惯法》，《华东政法大学学报》2013年第2期。

葛晨虹、吴迪：《"枫桥经验"与新时代中国特色的乡村治理》，《绍兴文理学院学报》2018年第5期。

葛洪义：《多中心时代"地方"与法治》，《法律科学》（西北政法大学学报）2016年第5期。

葛洪义：《关于中国地方立法的若干认识问题》，《地方立法研究》2017年第1期。

龚建平：《儒家"以教化政"与当代政治伦理转换——从〈大学〉的政治哲学说起》，《西安交通大学学报》（社会科学版）2014年第2期。

龚锐等：《贵州苗族鼓藏节仪式的人类学考察——以贵州黔东南苗族侗族自治州榕江县计怀乡乌略村为例》，《中南民族大学学报》2009年第4期。

郭道晖：《法治新思维：法治中国与法治社会》，《社会科学战线》2014年第6期。

何勤华：《清代法律渊源考》，《中国社会科学》2001年第2期。

胡旭晟：《20世纪前期中国之民商事习惯调查及其意义》，《湘潭大学学报》（哲学社会科学版）1999年第2期。

黄文艺：《论立法质量——关于提高中国立法质量的思考》，《河南省政法管理干部学院学报》2002年第3期。

黄喆：《论民间规范与地方立法的良性互动》，《南京社会科学》2018年第7期。

蒋传光、蔺如：《习惯进入国家法之国外情况考察》，《学术交流》2014年第10期。

蒋传光：《中国古代的家法族规及其社会功能——"民间法"视角

下的历史考察》,《东方法学》2008 年第 1 期。

靳志华:《民间仪式与国家在场——贵州苗族大乌烧村"鼓藏节"的人类学考察》,《昆明学院学报》2013 年第 1 期。

李杰:《论民间法在社会治理中的作用及介入途径》,《甘肃政法学院学报》2015 年第 1 期。

李杰:《论民事立法对民事习惯的复杂禁止》,《法学论坛》2017 年第 4 期。

李杰:《民间组织:地方立法规制民间规范新路径》,《学术研究》2019 年第 7 期。

李理:《千叶正士的法律多元观及中国的法律多元问题》,《贵州师范大学学报》(社会科学版) 2005 年第 2 期。

厉尽国:《习惯法制度化的历史经验与现实选择》,《甘肃政法学院学报》2009 年第 1 期。

梁治平:《中国法律史上的民间法》,《中国文化》1997 年第 21 期。

刘笃才:《中国古代地方法制的功能结构与发展》,《北方法学》2012 年第 1 期。

刘作翔:《传统的延续:习惯在现代中国法制中的地位和作用》,《法学研究》2011 年第 1 期。

刘作翔:《关于社会治理法治化的几点思考——"新法治十六字方针"对社会治理法治化的意义》,《河北法学》2016 年第 5 期。

刘作翔:《规范体系:一个新体系结构的思考》,《东方法学》2013 年第 1 期。

刘作翔:《司法中弥补法律漏洞的途径及其方法》,《法学》2017 年第 4 期。

刘作翔:《转型时期的中国社会秩序结构及其模式选择——兼对当代中国社会秩序结构论点的学术界评》,《法学评论》1998 年第 5 期。

吕金柱、石明旺：《论习惯在地方立法中的实现路径》，《学术探索》2012 年第 4 期。

马长山：《从国家构建到共建共享的法治转向——基于社会组织与法治建设之间关系的考察》，《法学研究》2017 年第 3 期。

马长山：《国家"构建主义"法治的误区与出路》，《法学评论》2016 年第 4 期。

马建红：《清末民初民事习惯调查的勃兴与民间规范的式微》，《政法论丛》2015 年第 2 期。

马英娟：《地方立法主体扩容：现实需求与面临挑战》，《上海师范大学学报》（哲学社会科学版）2015 年第 3 期。

莫纪宏、李晶：《推进合宪性审查工作与中国未来法治建设的走向——莫纪宏教授访谈》，《上海政法学院学报》2018 年第 1 期。

彭卫民：《中国传统"家"的法哲学表达与演变》，《人文杂志》2017 年第 5 期。

彭中礼：《论习惯的法律渊源地位》，《甘肃政法学院学报》2012 年第 1 期。

钱锦宇：《法治视野中的现代国家治理：目标定位与智识资源》，《西北大学学报》（哲学社会科学版）2016 年第 6 期。

沈寨：《从"权威治理"转向"规则治理"——对乡贤治理的思考》，《民间法》2016 年第 1 期。

石佑启：《论地方特色：地方立法的永恒主题》，《学术研究》2017 年第 9 期。

石佑启、谈萧：《论民间规范与地方立法的融合发展》，《中外法学》2018 年第 5 期。

苏力：《当代中国法律中的习惯——一个制定法的透视》，《法学评论》2001 年第 3 期。

睢鸿明：《区域治理的"良法"建构》，《法律科学》（西北政法大学学报）2016 年第 5 期。

谈萧：《论民间规范与地方立法的冲突及协调》，《暨南学报》（哲学社会科学版）2017 年第 9 期。

汤唯、郭晓燕：《地方立法中的法律文化本土资源》，《辽宁大学学报》（哲学社会科学版）2007 年第 1 期。

田艳:《自治立法中的民间规范研究——以黔东南州为例》，《贵州民族研究》2017 年第 7 期。

王春业：《论民间规范与地方立法的良性互动》，《暨南学报》（哲学社会科学版）2017 年第 9 期。

王建学：《论地方政府事权的法理基础与宪法结构》，《中国法学》2017 年第 4 期。

王启梁：《国家治理中的多元规范：资源与挑战》，《环球法律评论》2016 年第 2 期。

王启梁：《习惯法、民间法研究范式的批判性理解——兼论社会控制概念在法学研究中的运用可能》，《现代法学》2006 年第 5 期。

王青林：《民间法基本概念问题探析》，《上海师范大学学报》（哲学社会科学版）2003 年第 3 期。

吴大华等：《贵州省民族自治地方立法研究》，《贵州民族研究》2014 年第 3 期。

吴大华等：《少数民族习惯法的当代法治意蕴研究》，《铜仁学院学报》2014 年第 1 期。

吴大华:《侗族诗歌、款约：规范话语构成的文化权力网》，《贵州民族研究》2016 年第 6 期。

吴大华：《坚持和完善中国特色社会主义法治体系与法学研究》，《理论与当地》2020 年第 1 期。

吴大华：《制度与规范："国家治理体系和治理能力现代化"专题研究》，《贵州民族研究》2020 年第 3 期。

谢晖:《论中国地方立法对民间规范的认可》,《湖湘论坛》2018 年第 1 期。

谢晖:《论中国地方立法基于民间法的创制》,《法学杂志》2019 年第 11 期。

谢晖:《民间规范与习惯权利》,《现代法学》2005 年第 2 期。

徐晓光:《从黔东南苗族"罚 3 个 100"看习惯法在村寨社会的功能》,《山东大学学报》2005 年第 3 期。

徐晓光:《罚 3 个 120 的适用地域及适应性变化——作为对黔东南苗族地区罚 3 个 100 的补充调查》,《甘肃政法学院学报》2010 年第 1 期。

徐晓光:《黔东南占里侗族村与大瑶山瑶族三个支系传统节育观及规划研究》,《广西师范学院学报》(哲学社会科学版) 2016 年第 4 期。

徐晓光:《清代民国时期清水江漂流木植清赎问题研究》,《贵州大学学报》(社会科学版) 2017 年第 3 期。

徐晓光:《"石牌料话"在瑶族传统村寨社会习惯法中的功能》,《中国应用法学》2017 年第 2 期。

徐晓光、徐斌:《乌江流域少数民族碑刻习惯法研究》,《原生态民族文化学刊》2019 年第 2 期。

阎晓君:《略论秦汉时期地方立法》,《江西师范大学学报》(哲学社会科学版) 2000 年第 3 期。

杨正文:《鼓藏节仪式与苗族社会组织》,《西南民族大学学报》2000 年第 5 期。

姚中秋:《论政教:另一种政治、政府》,《开放时代》2014 年第 3 期。

于语和、张欣:《民间习惯在民事调解中运用的法理分析》,《昆明理工大学学报》(社会科学版) 2012 年第 1 期。

喻中：《制定法与习惯法之间的潜规则——可供阅读的另类秩序》，《现代法学》2001年第5期。

曾哲：《清代立法分权：地方省例对中央极权的碎片化》，《现代法治研究》2017年第2期。

张洪涛：《法律必须认真对待习惯——论习惯的精神及其法律意义》，《现代法学》2011年第2期。

张晋藩：《清朝法制史概论》，《清史研究》2002年第3期。

张鸣起：《论一体建设法治社会》，《中国法学》2016年第4期。

张汝伦：《作为政治的教化》，《哲学研究》2012年第6期。

张生：《清末民事习惯调查与〈大清民律草案〉的编纂》，《法学研究》2007年第1期。

周大鸣、廖越：《我们如何认识中国乡村社会结构的变化：以"原子化"概念为中心的讨论》，《广西师范学院学报》（哲学社会科学版）2018年第4期。

周林彬、蔡文静：《社会治理角度下的民间规范与地方立法》，《甘肃社会科学》2018年第1期。

周旺生：《关于地方立法的几个理论问题》，《行政法学研究》1994年第4期。

四 学位论文

陈冬春：《民间法研究的反思性解读》，硕士学位论文，华东政法大学，2004年。

陈婴红：《民国前期浙江省议会立法研究》，博士学位论文，华东政法大学，2015年。

郭丽萍：《民族自治地方单行条例立法研究》，博士学位论文，中南财经政法大学，2014年。

厉尽国：《法治视野中的习惯法》，博士学位论文，山东大学，

2007年。

田成有:《乡土社会中的民间》,博士学位论文,中国政法大学,2005年。

王茜:《历史与现实之维:中国立法中的民间习惯》,硕士学位论文,上海师范大学,2019年。

后　　记

　　在推进治理能力现代化的背景下，民间规范与地方立法的互动关系也在不断深化。地方立法是现代国家制定法的重要组成部分，是对中央立法的重要补充。而民间规范则扎根传统的法律土壤，依靠传统的礼治观念来实现其治理目标。在旧的社会秩序当中，地方立法与民间规范之间往往会存在明显的区隔。然而，随着社会格局的变迁，地方立法与民间规范也在对立统一的关系中走向新的互动与融合。地方立法可以通过吸纳民间规范以更好地解决地方特殊性问题，而民间规范通过上升至地方立法的层面，也能够提高自身的法律效力，更好地融入现代法治秩序之中。

　　近年来，理论界和实务界均对治理能力现代化背景下民间规范与地方立法的关系进行了探讨。然而，当前的诸多研究或不以实践调查为基础，或过于强调实务效能而忽视理论构建，故学界对于民间规范与地方立法关系的研究，进入了"瓶颈"期，始终难以有所突破。2017年国家社科基金重点项目"民间规范与地方立法"为笔者深入研究民间规范与地方立法之间的法理联系和实践关系提供了一个绝好的机会。经过课题组近五年时间的深入研究，全面和系统地梳理了地方立法与民间规范之间的法理和制度联系，提出了有效处理两者之间关系的法理分析框架，以期从治理能力现代化背景下法治体系建构与法治效能发挥的双重角度，对民间规范与地方立法的关系进行更深层次的探索。

付梓之际，感谢参与2017年国家社科基金重点项目"民间规范与地方立法"研究的翟国强研究员、刘小妹研究员、孙南翔副研究员，同时还要感谢贵州社会科学院党委书记吴大华先生对王喜博士的鼓励和栽培。本书的最终出版倾注了很多人的心血，王喜博士厥功至伟。

岁月峥嵘，任重道远。本书的出版不是研究的结束，而是阶段性的总结与新挑战的开始。笔者也将不忘初心，脚踏实地，继续做好相关研究，为推进民间规范与地方立法的互动与融合略尽绵力。

在本书的撰写过程中，借鉴了学界同仁的不少成果和有关媒体的诸多案例。本书的出版得到了中国社会科学出版社王茵副总编辑和喻苗编辑的大力支持和厚爱，在此一并表示感谢。

由于作者水平有限，撰写时间仓促，所以书中错误和不足之处在所难免，恳请广大读者批评指正。

王　喜　莫纪宏
2022年5月于北京东城区沙滩北街15号